企业生态环境典型案例图解手册

QIYE SHENGTAI HUANJING DIANXING ANLI TUJIE SHOUCE

生态环境部生态环境执法局
生态环境部工程评估中心 主编

中国环境出版集团 · 北京

图书在版编目（CIP）数据

企业生态环境典型案例图解手册 / 生态环境部生态环境执法局，生态环境部工程评估中心主编. -- 北京 : 中国环境出版集团，2021.3
ISBN 978-7-5111-4657-1

Ⅰ. ①企… Ⅱ. ①生… ②生… Ⅲ. ①企业环境管理－环境保护法－中国－图解 Ⅳ. ①D922.683.4

中国版本图书馆CIP数据核字(2021)第033499号

出 版 人 武德凯
责任编辑 孙 莉
责任校对 任 丽
装帧设计 宋 瑞

出版发行 中国环境出版集团
（100062 北京市东城区广渠门内大街16号）
网 址：http://www.cesp.com.cn
电子邮箱：bjgl@cesp.com.cn
联系电话：010-67112765（编辑管理部）
发行热线：010-67125803，010-67113405（传真）
印装质量热线：010-67113404
印 刷 北京中科印刷有限公司
经 销 各地新华书店
版 次 2021年3月第1版
印 次 2021年3月第1次印刷
开 本 787×960 1/32
印 张 3.625
字 数 70千字
定 价 40.00元

编委会

主　　编：曹立平　闫景军

副 主 编：李　铮　肖　静　刘　青

编写人员：竹怀林　杨雾晨　徐敏云　汤瑞黎

前　言

近年来，为践行生态文明，打赢蓝天保卫战、碧水保卫战及净土保卫战，各地生态环境部门及其他环境监督管理部门在执法过程中积累了大量案例。通过对这些案例进行梳理，最终本书选择 12 个典型案例进行“以案释法”，使得相关企业更易于理解法律的规定，这是本书编写的初衷。

本书的主要内容分为行政篇、民事篇和刑事篇三个部分。第一部分是行政篇，涉及的案例包括行政处罚案例、行政许可案例、行政强制案例、行政诉讼案例，违法情形涉及超标排放、逃避监管、拒不执行重污染天气应急措施、未批先建等方面。第二部分是民事篇，主要探讨环境侵权的构成要件和行政处罚与民事责任的关系问题，涉及环境民事公益诉讼、生态环境损害赔偿诉讼。第三部分是刑事篇，涉及污染环境罪事实的认定与法律适用问题，旨在通过案例来分析环境行政执法部门工作与刑事的衔接。

每个案例包括基本案情、案件启示、案件涉及的法律问题、法条链接等。“基本案情”中所选案例均为真实案例，来源包括生态环境部门系统上传的案例以及最高人民法院、最高人民检察院、地方法院和检察院公布的典型案例，这些典型案例都是具有较大的社会影响力及争议的案例。“案件启示”是生态环境部门依法行政、依法执法的警示与提示，对企业如何守法进行指引和教育。“案件涉及的法律问题”主要是案例涉及的诸如案件法律适用性、事实认定、案件争议焦点等关键问题。“法条链接”是对案例中涉及的相关法条的援引。

编者从数百个案例中精心挑选出 12 个典型案例汇成本书并对其进行深入评析，希望本书既可以成为生态环境执法部门的指导用书，也可以成为引导企业良性守法的教育用书，还可以成为环境法律爱好者了解和学习生态环境相关法律的窗口。

由于编者能力所限，在论述中难免疏漏。对本书中的不足之处，敬请读者批评指正。

目　录

第一部分　行政篇 /1

第一部分
行政篇

案例一

给排水管理站连续超标排放氨氮、总氮等水污染物被实施按日连续处罚案

基本案情

民勤县给排水管理站（以下简称管理站）是一家由民勤县住房和城乡建设局创办的管理站，是从事城区给排水、给

排水管网架设及维修的事业单位法人。

2018 年 12 月 18 日，民勤县环境保护局对管理站进行了现场检查，查阅废水总排放口在线监测历史数据后，发现 2018 年 12 月 7—18 日，管理站总排放口氨氮、总氮浓度日均值均超过《城镇污水处理厂污染物排放标准》（GB 18918—2002）表 1 中一级 B 排放标准。对该违法行为，民勤县环境保护局当场向管理站交付《责令改正违法行为决定书》，并责令其“立即改正，确保污水处理设施正常运行、水污染物达标排放”；依法对其实施行政处罚，于 2018 年 12 月 27 日送达《行政处罚决定书》，处罚款 39.71 万元。

2019 年 1 月 3 日，民勤县环境保护局对管理站进行了复查，发现其总排放口氨氮、总氮排放浓度日均值仍超过国家规定排放标准。对此，民勤县环境保护局于 2019 年 1 月 4 日再次向管理站送达《责令改正违法行为决定书》，责令其立即改正违法排污行为；启动按日连续处罚程序，于 2019 年 1 月 21 日向管理站送达《按日连续处罚事先（听证）告知书》，告知拟处罚幅度、依据及陈述申辩权和听证申请权等有关事项。在管理站未陈述申辩和未申请听证的情况下，2019 年 1 月 28 日，民勤县环境保护局对其作出行政处罚决定并送达《按日连续处罚决定书》，决定自 2018 年 12 月 19 日—2019 年 1 月 3 日（共计 16 日）按日处以罚款，共计罚款 635.36 万元。

2019 年 1 月 21 日，民勤县环境保护局对管理站再次进行了复查，发现其总排放口排放水污染物浓度已经达标。管理站于2019年2月22日缴纳全部罚款，民勤县环境保护局于2019年2月28日对本案作出结案决定。

案件启示

1. 污染物排放须达到国家或地方规定的排放标准

污染物排放标准是对人为污染源排入环境的污染物浓度或总量所作的限量规定，它是实现环境质量目标的重要保证，也是控制污染源的重要手段。污染物排放标准包括国家污染物排放标准和地方污染物排放标准。污染物排放标准属于强制性标准，排污单位必须严格执行。如果违反强制性环境标准排放污染物，则需要承担相应的法律责任。

2. 行政处罚程序中当事人正当权利的保障

我国《行政处罚法》规定，行政机关在实施行政处罚程序过程中，应当充分保障当事人的陈述申辩权和申请听证的权利。首先，行政处罚决定作出前，行政机关应当告知当事人依法享有陈述申辩的权利和一定条件下申请听证的权利。其次，合法合理地确定当事人陈述申辩权利和听证申请权利的行使期限。该期限的确定实则是一个价值衡量的结果，既不能单方面地考虑环境行政执法质效，也不能一味地考虑当事人程序权利的保障。

案件涉及的法律问题

1. 超标排放的事实认定

《环境行政处罚办法》第三十六条规定："环境保护主管部门可以利用在线监控或者其他技术监控手段收集违法行为证据。经环境保护主管部门认定的有效性数据，可以作为认定违法事实的证据。"国家环境保护总局作出的《关于环保部门现场检查中排污监测方法问题的解释》（2007 年）明确指出："排放标准中规定的污染物排放方式、排放限值等是判定排污行为是否超标的技术依据，在任何时间、任何情况下，排污单位的排污行为均不得违反排放标准中的有关规定。"本案中，民勤县环境保护局通过调阅在线监测历史数据，发现管理站"超标排放"的违法行为。此外，根据给定的环境行政执法卷宗，还收集了现场检查（勘察）笔录、调查询问笔录、现场照片等证据，这些证据与在线监测数据相互印证，形成完整的证据链条。

2. 按日连续处罚罚款数额的计算

按日连续处罚的罚款数额为原处罚决定书确定的罚款额度乘以计罚日数，计罚日数为《责令改正违法行为决定书》送达排污者之日的次日起，至生态环境主管部门核查发现违法排放污染物行为之日止。本案中，民勤县环境保护局于

2018 年 12 月 27 日送达《行政处罚决定书》，依据《中华人民共和国水污染防治法》第八十三条的规定，对管理站罚款 39.71 万元。民勤县环境保护局于 2019 年 1 月 3 日对管理站进行复查，发现违法行为未改正后，于 2019 年 1 月 21 日再次进行复查，发现该违法行为已经停止。最终，民勤县环境保护局以初次行政处罚的罚款数额 39.71 万元为基准，按违法天数 16 日累计计算，共计罚款 635.36 万元。

法条链接

《中华人民共和国环境保护法》（2015 年）

第五十九条第一款 企业事业单位和其他生产经营者违法排放污染物，受到罚款处罚，被责令改正，拒不改正的，依法作出处罚决定的行政机关可以自责令改正之日的次日起，按照原处罚数额按日连续处罚。

《中华人民共和国水污染防治法》（2018 年）

第十条 排放水污染物，不得超过国家或者地方规定的水污染物排放标准和重点水污染物排放总量控制指标。

第八十三条 违反本法规定，有下列行为之一的，由县级以上人民政府环境保护主管部门责令改正或者责令限制生产、停产整治，并处十万元以上一百万元以下的罚款；

情节严重的，报经有批准权的人民政府批准，责令停业、关闭：

（一）未依法取得排污许可证排放水污染物的；

（二）超过水污染物排放标准或者超过重点水污染物排放总量控制指标排放水污染物的；

（三）利用渗井、渗坑、裂隙、溶洞，私设暗管，篡改、伪造监测数据，或者不正常运行水污染防治设施等逃避监管的方式排放水污染物的；

（四）未按照规定进行预处理，向污水集中处理设施排放不符合处理工艺要求的工业废水的。

第九十五条　企业事业单位和其他生产经营者违法排放水污染物，受到罚款处罚，被责令改正的，依法作出处罚决定的行政机关应当组织复查，发现其继续违法排放水污染物或者拒绝、阻挠复查的，依照《中华人民共和国环境保护法》的规定按日连续处罚。

《中华人民共和国行政处罚法》（2017年）

第二十三条　行政机关实施行政处罚时，应当责令当事人改正或者限期改正违法行为。

第三十二条　当事人有权进行陈述和申辩。行政机关必须充分听取当事人的意见，对当事人提出的事实、理由和证据，应当进行复核；当事人提出的事实、理由或者证据成立的，行政机关应当采纳。

行政机关不得因当事人申辩而加重处罚。

第四十二条 行政机关作出责令停产停业、吊销许可证或者执照、较大数额罚款等行政处罚决定之前，应当告知当事人有要求举行听证的权利；当事人要求听证的，行政机关应当组织听证。当事人不承担行政机关组织听证的费用。听证依照以下程序组织：

（一）当事人要求听证的，应当在行政机关告知后三日内提出；

（二）行政机关应当在听证的七日前，通知当事人举行听证的时间、地点；

（三）除涉及国家秘密、商业秘密或者个人隐私外，听证公开举行；

（四）听证由行政机关指定的非本案调查人员主持；当事人认为主持人与本案有直接利害关系的，有权申请回避；

（五）当事人可以亲自参加听证，也可以委托一至二人代理；

（六）举行听证时，调查人员提出当事人违法的事实、证据和行政处罚建议；当事人进行申辩和质证；

（七）听证应当制作笔录；笔录应当交当事人审核无误后签字或者盖章。

当事人对限制人身自由的行政处罚有异议的，依照治安管理处罚法有关规定执行。

《环境行政处罚办法》（2010 年）

第三十六条 环境保护主管部门可以利用在线监控或者其他技术监控手段收集违法行为证据。经环境保护主管部门认定的有效性数据，可以作为认定违法事实的证据。

第四十八条第二款　在作出暂扣或吊销许可证、较大数额的罚款和没收等重大行政处罚决定之前，应当告知当事人有要求举行听证的权利。

《环境保护主管部门实施按日连续处罚办法》（2015年）

第八条第一款　环境保护主管部门可以当场认定违法排放污染物的，应当在现场调查时向排污者送达责令改正违法行为决定书，责令立即停止违法排放污染物行为。

第十四条　复查时排污者被认定为拒不改正违法排放污染物行为的，环境保护主管部门应当按照本办法第八条的规定再次作出责令改正违法行为决定书并送达排污者，责令立即停止违法排放污染物行为，并应当依照本办法第十条、第十二条的规定对排污者再次进行复查。

《关于环保部门现场检查中排污监测方法问题的解释》（2007年）

根据有关法律规定，排放标准具有强制实施的效力，必须执行。遵守排放标准是排污单位法定义务。排放标准中规定的污染物排放方式、排放限值等是判定排污行为是否超标的技术依据，在任何时间、任何情况下，排污单位的排污行为均不得违反排放标准中的有关规定。

环保部门在对排污单位进行监督性检查时，可以环保工作人员现场即时采样或监测的结果作为判定排污行为是否超标以及实施相关环境保护管理措施的依据。

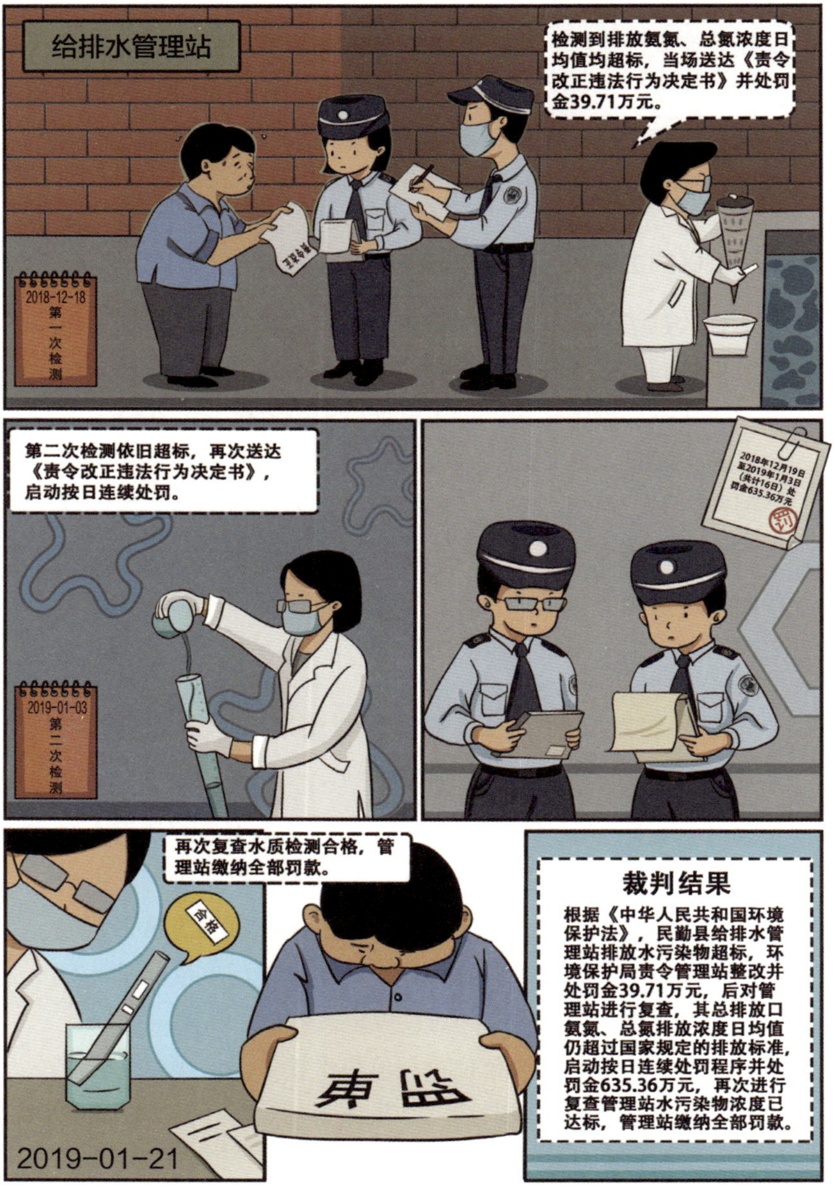
给排水管理站
检测到排放氨氮、总氮浓度日均值均超标，当场送达《责令改正违法行为决定书》并处罚金39.71万元。
2018-12-18
第一次检测
第二次检测依旧超标，再次送达《责令改正违法行为决定书》，启动按日连续处罚。
2019-01-03
第二次检测
2018年12月19日至2019年1月3日（共计16日）处罚金635.36万元
罚
再次复查水质检测合格，管理站缴纳全部罚款。
合格
2019-01-21
裁判结果
根据《中华人民共和国环境保护法》，民勤县给排水管理站排放水污染物超标，环境保护局责令管理站整改并处罚金39.71万元，后对管理站进行复查，其总排放口氨氮、总氮排放浓度日均值仍超过国家规定的排放标准，启动按日连续处罚程序并处罚金635.36万元，再次进行复查管理站水污染物浓度已达标，管理站缴纳全部罚款。

案例二

树脂公司因恶臭气体超标排放引发信访举报的行政处罚案

基本案情

湛新树脂（上海）有限公司（以下简称湛新公司）于1997年12月18日注册成立，经营范围包括生产高性能涂料、各种涂料用树脂和添加剂等。

2018 年 11 月 27 日，上海市奉贤区环境监测站对湛新公司进行污染物排放监测，并于 11 月 28 日出具监测报告。报告结果显示，4 次采样中，该公司的粉末、光固化、单体生产车间的生产废气排放口臭气浓度第 1 次采样数据为 3 090（无量纲），第 3 次采样数据为 2 317（无量纲），这两次数据均超过了《恶臭（异味）污染物排放标准》（DB 31/1025—2016）所规定的工业企业臭气浓度为 1 500（无量纲）的排放限值。湛新公司的上述行为违反了《中华人民共和国大气污染防治法》第十八条的规定。

2018 年 12 月 6 日，上海市奉贤区环境保护局对湛新公司作出行政处罚决定并送达《行政处罚听证告知书》，告知湛新公司拟对其实施处罚，其享受陈述、申辩和申请听证的权利。湛新公司申请了听证。听证会上，湛新公司述称：不认可上海市奉贤区环境监测站使用的恶臭检测方法，公司现已停产，同时将聘请第三方对该公司进行整改和检测。但是，湛新公司未向上海市奉贤区环境保护局提交推翻监测报告的证据材料。上海市奉贤区环境保护局对案件材料复核后认为：鉴于该单位信访矛盾激烈，整改措施落实不力，维持原处罚金额。依据《中华人民共和国大气污染防治法》第九十九条规定，上海市奉贤区环境保护局对湛新公司作出限制生产、罚款 70 万元的行政处罚决定。

案件启示

污染物排放标准按污染物形态分为气态排放标准、液态排放标准、固态排放标准以及物理性污染物（如噪声）排放标准；按制订主体分为国家污染物排放标准和地方污染物排放标准；按适用范围分为通用污染物排放标准和行业污染物排放标准。其中，地方污染物排放标准一般会比国家污染物排放标准更加严格，这两类标准排污单位均应当遵守。本案中，湛新公司就因排放恶臭的浓度超过上海市地方污染物排放标准而受到当地环境保护局的行政处罚。

案件涉及的法律问题

1. 恶臭超标排放的事实认定

湛新公司主要生产涂料用树脂、化工原料及产品等，其生产过程中产生的大气污染物既含有挥发性有机物废气，也含有其他恶臭气体，因此该公司应当严格执行国家和地方规定的大气污染物排放标准。根据上海市《恶臭（异味）

污染物排放标准》（DB 31/1025—2016）的规定，工业企业排放高度（30 ～ 50 m）的恶臭浓度限值为 1 500，企业达标排放污染物的判定标准为任一时段采样结果不超过 1 500（无量纲）。经监测，湛新公司的粉末、光固化、单体生产车间的生产废气排放口臭气浓度超过上海市地方排放标准，构成了超标排放恶臭气体的违法行为，应依法承担相应的法律责任。

2. 听证会上当事人抗辩理由的采纳

行政听证程序是指行政机关在作出重大的、影响相对人权利义务关系的决定之前，应当听取当事人陈述、申辩和质证，然后根据双方质证、核实的材料作出行政决定的一种程序。行政听证程序的目的在于厘清事实、发现真相，给予当事人就重要事实表达意见的机会。其本质是公民运用法定权利对抗行政机关可能的不当行政行为。

《行政处罚法》第四十二条规定：“行政机关作出责令停产停业、吊销许可证或者执照、较大数额罚款等行政处罚决定之前，应当告知当事人有要求举行听证的权利；当事人要求听证的，行政机关应当组织听证。”

本案中，湛新公司依法向行政机关申请了听证，并在听证会上陈述其对恶臭的检测方法持有异议，但其并未提交相关证据推翻监测报告的结果。因此，环境保护部门未采纳该公司的抗辩理由。

法条链接

《中华人民共和国大气污染防治法》（2018年）

第十八条　企业事业单位和其他生产经营者建设对大气环境有影响的项目，应当依法进行环境影响评价、公开环境影响评价文件；向大气排放污染物的，应当符合大气污染物排放标准，遵守重点大气污染物排放总量控制要求。

第九十九条　违反本法规定，有下列行为之一的，由县级以上人民政府生态环境主管部门责令改正或者限制生产、停产整治，并处十万元以上一百万元以下的罚款；情节严重的，报经有批准权的人民政府批准，责令停业、关闭：

（一）未依法取得排污许可证排放大气污染物的；

（二）超过大气污染物排放标准或者超过重点大气污染物排放总量控制指标排放大气污染物的；

（三）通过逃避监管的方式排放大气污染物的。

第一百零八条　违反本法规定，有下列行为之一的，由县级以上人民政府生态环境主管部门责令改正，处二万元以上二十万元以下的罚款；拒不改正的，责令停产整治：

（一）产生含挥发性有机物废气的生产和服务活动，未在密闭空间或者设备中进行，未按照规定安装、使用污染防治设施，或者未采取减少废气排放措施的；

（二）工业涂装企业未使用低挥发性有机物含量涂料或

者未建立、保存台账的；

（三）石油、化工以及其他生产和使用有机溶剂的企业，未采取措施对管道、设备进行日常维护、维修，减少物料泄漏或者对泄漏的物料未及时收集处理的；

（四）储油储气库、加油加气站和油罐车、气罐车等，未按照国家有关规定安装并正常使用油气回收装置的；

（五）钢铁、建材、有色金属、石油、化工、制药、矿产开采等企业，未采取集中收集处理、密闭、围挡、遮盖、清扫、洒水等措施，控制、减少粉尘和气态污染物排放的；

（六）工业生产、垃圾填埋或者其他活动中产生的可燃性气体未回收利用，不具备回收利用条件未进行防治污染处理，或者可燃性气体回收利用装置不能正常作业，未及时修复或者更新的。

《中华人民共和国行政处罚法》（2017年）

第三十八条 调查终结，行政机关负责人应当对调查结果进行审查，根据不同情况，分别作出如下决定：

（一）确有应受行政处罚的违法行为的，根据情节轻重及具体情况，作出行政处罚决定；

（二）违法行为轻微，依法可以不予行政处罚的，不予行政处罚；

（三）违法事实不能成立的，不得给予行政处罚；

（四）违法行为已构成犯罪的，移送司法机关。

对情节复杂或者重大违法行为给予较重的行政处罚，行政机关的负责人应当集体讨论决定。

联名举报信
湛新公司散发恶臭气体
举报信
湛新公司散发恶臭气体
举报
湛新公司散发恶臭气体
湛新公司散发恶臭气体
环境监测站
取样
排放物
上海市奉贤区环境监测站对湛新公司排放污染物进行监测，结果显示其排放的废气臭气浓度超标。
听证会
湛新公司申请听证，并不认可上海市奉贤区环境监测站使用的恶臭检测方法。公司现已停产，将聘请第三方对其进行整改和检测。
湛新公司
行政处罚单
罚
湛新公司提交不出推翻检测报告结果的证据材料
裁判结果
上海市奉贤区环境监测站对湛新公司进行污染物排放监测，粉末、光固化、单体生产车间的生产废气排放口生产臭气浓度超标。依据《中华人民共和国大气污染防治法》第九十九条规定，上海市奉贤区环境保护局对湛新公司作出限制生产、罚款70万元的行政处罚决定。

案例三

汽车制造公司以不合格产品冒充排放检验合格产品出厂销售的行政处罚案

基本案情

原环境保护部根据在用车环保定期检验、路检路查超标车辆统计数据和相关车辆生产企业信息公开情况以及行业、市场反映的突出问题，成立了柴油车打假专项工作组（以下简称专项工作组），组织开展了柴油车打假专项行动。专项工作组通过在市场销售环节委托第三方购置新车、在企业生产现场随机抽样的方式按标准要求抽取车辆，委托具备相应资质的第三方检测机构对抽取的车辆进行检验，并出具第三方检测报告。

调查发现，山东凯马汽车制造有限公司（以下简称凯马公司）在2016年1月1日—5月31日生产的8台轻型柴油货车排放的碳氢化合物+氮氧化物排放浓度、一氧化碳排放浓度均超过《轻型汽车污染物排放限值及测量方法（中国Ⅲ、Ⅳ阶段）》（GB 18352.3—2005）中第四阶段限值要求，318台重型柴油货车的车载诊断（OBD）系统功能性检测不符合《车用压燃式、气体燃料点燃式发动机与汽车车载诊断（OBD）系统技术要求》（HJ 437—2008）标准要求，污染控制装置弄虚作假、以次充好，冒充排放检验合格产品出厂销售。

以上事实有原环境保护部委托的厦门环境保护机动车污染控制技术中心和国家轿车质量监督检验中心出具的检测报告、瑞华会计师事务所出具的审计报告及《现场检查（勘验）笔录》《调查询问笔录》等为证。

根据《中华人民共和国大气污染防治法》第五十一条和五十二条的规定，环境保护部于2017年4月6日告知凯马公司其违法事实、对其处罚的依据和拟对其作出的处罚决定，并告知该公司有权进行陈述、申辩和要求听证。应该公司申请，环境保护部就此事于2017年5月22日和2017年8月29日举行了两次听证会。

按照《中华人民共和国大气污染防治法》第一百零九条第一款的规定，原环境保护部决定责令凯马公司改正生产超过污染物排放标准的机动车的违法行为，没收违法所得 12 786.80 元，并处货值金额 257 279.76 元二倍的罚款即 514 559.52 元，罚没款合计 527 346.32 元。按照《中华人民共和国大气污染防治法》第一百零九条第二款的规定，原环境保护部决定责令凯马公司针对污染控制装置弄虚作假、以次充好，冒充排放检验合格产品出厂销售的违法行为进行停产整治，没收违法所得 718 194.05 元，并处货值金额 15 248 281.26 元二倍的罚款即 30 496 562.52 元，罚没款合计 31 214 756.57 元。凯马公司最终罚没款共计 31 742 102.89 元。

案件启示

法律禁止机动车船、非道路移动机械超过标准排放大气污染物，并要求机动车和非道路移动机械生产企业对新生产的机动车和非道路移动机械进行排放检验，检验合格的产品方可出厂销售。如企业违反法律规定，出厂销售的机动车和非道路移动机械大气污染物排放超过国家标准，则企业将依法受到没收违法所得和罚款的行政处罚；企业在生态环境部门责令改正后拒不改正违法行为的，还将被责令停产整治和停止生产该车型。此外，企业如果通过对机动车和非道路移动机械的污染控制装置采取弄虚作假等方式，冒充检验合格产品出厂销售，其也将面临严厉的法律惩罚。

案件涉及的法律问题

1. 污染物超标排放的事实认定

根据《轻型汽车污染物排放限值及测量方法（中国Ⅲ、Ⅳ阶段）》（GB 18352.3—2005）中第四阶段限值要求，凯马公司车辆排放一氧化碳的浓度是标准限值的5.7～5.9倍，排放碳氢化合物＋氮氧化物的浓度是标准限值5.6～5.7倍，排放颗粒物的浓度是标准限值的1.1～1.5倍，其行为违反了《中华人民共和国大气污染防治法》第五十一条关于机动车船、非道路移动机械不得超过标准排放大气污染物的规定。

2. 污染物控制装置弄虚作假、以次充好的事实认定

OBD系统属于污染控制装置，其不仅是监控车辆是否达标的计算机信息系统，也是控制车辆达标排放的最关键部件。《车用压燃式、气体燃料点燃式发动机与汽车排气污染物排放限值及测量方法（中国Ⅲ、Ⅳ、Ⅴ阶段）》（GB 17691—2005）第3.33条规定，车载诊断（OBD）系统指排放控制用车载诊断（OBD）系统。它必须具有识别可能存在故障的区域的功能，并以故障代码的方式将该信息储存在电控单元存储器内。从国际上看，任何企业或个人在产品上装载功能缺失或失效的OBD系统均属于以次充好、弄虚作假行为。

本案中，原环境保护部委托第三方检测机构对凯马车辆

进行抽检，结果显示抽检的 3 辆重型柴油车及后处理装置既不能通过 OBD 系统读取车辆信息，也不能对堵塞 EGR 进气管故障进行报警，均不满足国家标准技术要求，检测报告判定结论为抽检车辆 OBD 系统不合格。但凯马公司对 OBD 系统不合格车辆已打印出厂合格证并进行出厂销售，因此可以认定凯马公司存在以不合格产品冒充排放检验合格产品进行出厂销售的违法事实。

3. 处罚金额的认定

按照行政处罚自由裁量的相关规定，实施行政处罚应当严格遵循“过罚相当”原则，并综合考虑环境违法行为的手段、方式、损害后果，当事人改正情况等因素。本案中，原环境保护部依法责令凯马公司改正违法行为，并分别计算凯马公司在 2016 年 1 月 1 日—5 月 31 日生产的 8 台轻型柴油货车和 318 台重型柴油货车的违法所得和货值金额，依法没收全部违法所得，并综合裁量，处货值金额二倍的罚款。

法条链接

《中华人民共和国大气污染防治法》（2016 年）

第五十一条 机动车船、非道路移动机械不得超过标准排放大气污染物。

禁止生产、进口或者销售大气污染物排放超过标准的机动车船、非道路移动机械。

第五十二条 机动车、非道路移动机械生产企业应当对新生产的机动车和非道路移动机械进行排放检验。经检验合格的，方可出厂销售。检验信息应当向社会公开。

省级以上人民政府环境保护主管部门可以通过现场检查、抽样检测等方式，加强对新生产、销售机动车和非道路移动机械大气污染物排放状况的监督检查。工业、质量监督、工商行政管理等有关部门予以配合。

第一百零九条 违反本法规定，生产超过污染物排放标准的机动车、非道路移动机械的，由省级以上人民政府环境保护主管部门责令改正，没收违法所得，并处货值金额一倍以上三倍以下的罚款，没收销毁无法达到污染物排放标准的机动车、非道路移动机械；拒不改正的，责令停产整治，并由国务院机动车生产主管部门责令停止生产该车型。

违反本法规定，机动车、非道路移动机械生产企业对发动机、污染控制装置弄虚作假、以次充好，冒充排放检验合格产品出厂销售的，由省级以上人民政府环境保护主管部门责令停产整治，没收违法所得，并处货值金额一倍以上三倍以下的罚款，没收销毁无法达到污染物排放标准的机动车、非道路移动机械，并由国务院机动车生产主管部门责令停止生产该车型。

裁判结果

山东凯马汽车制造有限公司对污染控制装置弄虚作假、以次充好，冒充排放检验合格产品出厂销售。原环境保护部按照《中华人民共和国大气污染防治法》第一百零九条第一款和第二款的规定对凯马公司进行处罚，凯马公司最终罚没款共计31 742 102.89元。

案例四

鸿达建陶厂砖窑技术改造未通过环境影响评价与验收行政处罚案

基本案情

泸州鸿达建陶厂（以下简称鸿达厂）于 2005 年 7 月 20 日成立，主要从事琉璃瓦系列产品的生产、销售。

2018 年 4 月 20 日，泸州市环境保护局对鸿达厂进行现场检查，发现该厂于 2017 年对砖窑进行了技术改造，将两座辊道窑改造为传统工艺窑，但未办理环境影响评价手续。同时还发现，该厂脱硫除尘设施未运行也未经验收，且砖窑正在生产，产生的废气直排外环境。

鸿达厂在技术改造项目未获得环境影响评价批复的情况下，主体工程开工建成并投入使用的行为违反了《中华人民共和国环境影响评价法》第二十五条的规定；需要配套的环境保护设施（脱硫除尘设施）在未经验收的情况下，建设项目即投入生产和使用的行为违反了《建设项目环境保护管理条例》第十九条第一款的规定；脱硫除尘设施未运行、废气直排外环境的行为违反了《中华人民共和国大气污染防治法》第二十条第二款的规定。

2018 年 6 月 11 日，泸州市环境保护局向鸿达厂送达《行政处罚事先（听证）告知书》，告知鸿达厂有陈述申辩权及听证申请权。鸿达厂于 2018 年 6 月 14 日提出听证申请，于 2018 年 6 月 18 日书面递交陈述申辩意见，鸿达厂诉称：窑炉和设备在建成后一直处于调试状态，不是正式生产。泸州市环境保护局于 2018 年 6 月 29 日召开听证会，执法人员和鸿达厂听证代理人针对传统窑炉 2018 年 4 月 20 日生产情况、传统窑炉技术改造完成后未验先投和以逃避监管的方式排放污染物的事实及证据进行辩论和质证。经核查，泸州市环境保护局认为，2018 年 4 月 20 日鸿达厂窑炉正在生产的事实清楚，该厂技术改造项目未批先建、未验先投和以逃避监管的方式排放污染物的环境违法行为事实清楚，证据确凿、充分，因此对鸿达厂申辩意见不予采纳。

泸州市环境保护局最终对鸿达厂作出如下行政处罚：(1)对砖窑技术改造项目未获得环境影响评价批复的情况下，主体工程开工建设的环境违法行为，依据《中华人民共和国环境影响评价法》第三十一条第一款的规定，按技术改造项目总投资额的3%处罚款19 650元；(2)对需要配套的环境保护设施在未经验收的情况下，建设项目即投入生产和使用的环境违法行为，依据《建设项目环境保护管理条例》第二十三条的规定，处罚款20万元；(3)对以逃避监管的方式排放大气污染物的环境违法行为，依据《中华人民共和国大气污染防治法》第九十九条的规定，处罚款12万元。鸿达厂最终罚款共计33.965万元。

案件启示

企业新建对环境有影响的项目，应当严格依法报批环境影响评价文件，取得环境影响评价批复后方能开工建设。其中，对报批环境影响报告书和报告表的项目还应当组织环保验收，验收合格后方能投入生产。在生产过程中，排污企业要加强环保设施的日常维护，保证环境保护设施正常运行，确保污染物经过治理后达标排放。禁止通过不正常运行环境保护设施或者其他逃避监管的方式排放污染物。对于未依法报批环境影响评价文件即开工建设、未进行环境保护验收或验收不合格即投入生产、以逃避监管方式排放污染物等违法行为，生态环境主管部门将依法予以行政处罚。其中，以逃避监管方式排放污染物的企业，其相关负责人将被移送公安机关予以行政拘留。

案件涉及的法律问题

多个环境违法行为的认定和处罚问题

依据全国人民代表大会常务委员会法制工作委员会《关于建设项目环境管理有关法律适用问题的答复意见》（法工委复〔2007〕2 号）和原环境保护部《关于建设项目“未批先建”违法行为法律适用问题的意见》（环政法函〔2018〕31 号），建设单位同时构成“未批先建”和违反环境保护设施“三同时”验收制度两个违法行为的，生态环境主管部门应当分别依法予以相应处罚。

依据原环境保护部《关于建设项目“未批先建”违法行为法律适用问题的意见》（环政法函〔2018〕31 号），建设项目“未批先建”并投入生产或者使用后，有关单位或者个人具有超过污染物排放标准排污，通过暗管、渗井、渗坑、灌注或者篡改、伪造监测数据，或者不正常运行污染防治设施等逃避监管的方式排污等情形之一的，分别构成独立违法行为，生态环境主管部门应当对相关违法行为依法予以处罚。

本案中，鸿达厂技术改造项目在未获得环境影响评价批复的情况下建成并投入生产，又在未运行配套建设的污染防治设施的情况下排放污染物，分别构成“未批先建”“未验先投”和以逃避监管方式排放污染物的环境违法行为，泸州市环境保护局依法应当分别予以处罚。

法条链接

《中华人民共和国环境保护法》（2015 年）

第六十三条 企业事业单位和其他生产经营者有下列行为之一，尚不构成犯罪的，除依照有关法律法规规定予以处罚外，由县级以上人民政府环境保护主管部门或者其他有关部门将案件移送公安机关，对其直接负责的主管人员和其他直接责任人员，处十日以上十五日以下拘留；情节较轻的，处五日以上十日以下拘留：

（一）建设项目未依法进行环境影响评价，被责令停止建设，拒不执行的；

（二）违反法律规定，未取得排污许可证排放污染物，被责令停止排污，拒不执行的；

（三）通过暗管、渗井、渗坑、灌注或者篡改、伪造监测数据，或者不正常运行防治污染设施等逃避监管的方式违法排放污染物的；

（四）生产、使用国家明令禁止生产、使用的农药，被责令改正，拒不改正的。

《中华人民共和国环境影响评价法》（2018 年）

第二十五条 建设项目的环境影响评价文件未依法经审批部门审查或者审查后未予批准的，建设单位不得开工建设。

第三十一条第一款 建设单位未依法报批建设项目环境影响报告书、报告表，或者未依照本法第二十四条的规定重新报批或者报请重新审核环境影响报告书、报告表，擅自开工建设的，由县级以上生态环境主管部门责令停止建设，根据违法情节和危害后果，处建设项目总投资额百分之一以上百分之五以下的罚款，并可以责令恢复原状；对建设单位直接负责的主管人员和其他直接责任人员，依法给予行政处分。

《中华人民共和国大气污染防治法》（2016 年）

第二十条第二款 禁止通过偷排、篡改或者伪造监测数据、以逃避现场检查为目的的临时停产、非紧急情况下开启应急排放通道、不正常运行大气污染防治设施等逃避监管的方式排放大气污染物。

第九十九条　违反本法规定，有下列行为之一的，由县级以上人民政府生态环境主管部门责令改正或者限制生产、停产整治，并处十万元以上一百万元以下的罚款；情节严重的，报经有批准权的人民政府批准，责令停业、关闭：

（一）未依法取得排污许可证排放大气污染物的；

（二）超过大气污染物排放标准或者超过重点大气污染物排放总量控制指标排放大气污染物的；

（三）通过逃避监管的方式排放大气污染物的。

《建设项目环境保护管理条例》（2017 年）

第十九条第一款　编制环境影响报告书、环境影响报告表的建设项目，其配套建设的环境保护设施经验收合格，方可投入生产或者使用；未经验收或者验收不合格的，不得投入生产或者使用。

第二十三条第一款　违反本条例规定，需要配套建设的环境保护设施未建成、未经验收或者验收不合格，建设项目即投入生产或者使用，或者在环境保护设施验收中弄虚作假的，由县级以上环境保护行政主管部门责令限期改正，处 20 万元以上 100 万元以下的罚款；逾期不改正的，处 100 万元以上 200 万元以下的罚款；对直接负责的主管人员和其他责任人员，处 5 万元以上 20 万元以下的罚款；造成重大环境污染或者生态破坏的，责令停止生产或者使用，或者报经有批准权的人民政府批准，责令关闭。

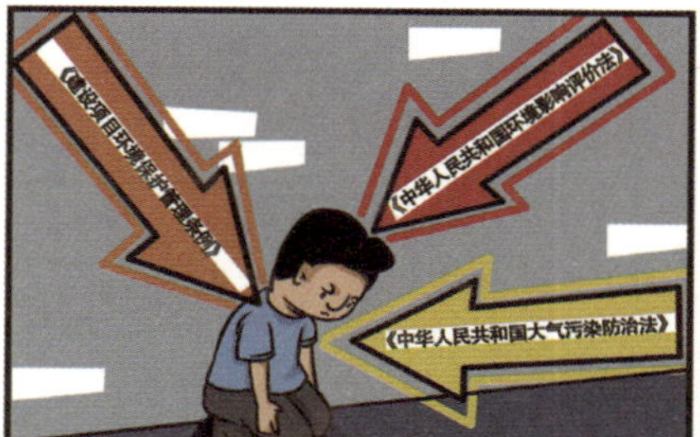

裁判结果

鸿达厂“未批先建”“未验先投”和以逃避监管方式排放污染物的环境违法行为事实清楚，泸州市环境保护局依据《中华人民共和国环境影响评价法》《建设项目环境保护管理条例》《中华人民共和国大气污染防治法》对鸿达厂处罚款合计33.965万元。

案例五

港口服务有限公司违法设置入海排污口查封、扣押案

基本案情

舟山市皎辉港口服务有限公司（以下简称皎辉公司）于 2014 年 5 月 4 日成立，经营范围包括为船舶提供码头设施；在港区内提供货物装卸服务；船舶技术咨询服

务；为船舶下水、试航、调试提供技术服务；渣土清运、处理。

2019 年 1 月 21 日，舟山市生态环境局执法人员对皎辉公司进行现场检查，发现运输车辆将泥浆卸入位于码头岸上场地东南角的泥浆倾倒池内，并且该倾倒池西侧池内的东北角下方设有一个直径为 25 厘米的管道口，该管道口通往码头引桥下，形成入海排污口，泥浆倾倒池内部分泥浆可以通过这个入海排污口流入大海。皎辉公司设置的排放口未经科学论证，也未向生态环境主管部门备案。

根据《环境保护主管部门实施查封、扣押办法》第四条第一款第六项的规定，舟山市生态环境局于 2019 年 1 月 24 日对皎辉公司泥浆倾倒池内的入海排污口进行了现场查封，查封期限为 2019 年 1 月 24 日—2 月 22 日。2019 年 1 月 24 日，皎辉公司将泥浆倾倒池入海排污口用水泥封堵，2 月 20 日对泥浆倾倒池进行填埋，并保证以后不再倾倒泥浆。2 月 22 日，鉴于查封期限已届满且该公司已完成入海排污口的封堵，舟山市生态环境局解除了对皎辉公司泥浆倾倒池内的入海排口的查封。

根据《中华人民共和国海洋环境保护法》第七十七条第一款的规定和《舟山市环保系统行政处罚裁量基准》，鉴于皎辉公司已按要求对违法设置的入海排污口进行封堵，舟山市生态环境局对皎辉公司作出了罚款 3.08 万元的处罚。

案件启示

设置入海排污口应当严格按照法律法规规定，合理选择确定入海排污口位置，并报生态环境主管部门审批，不得在海洋自然保护区、重要渔业水域、海滨风景名胜区和其他需要特别保护的区域新建排污口。

案件涉及的法律问题

1. 设置入海排污口的法律规定

一是入海排污口位置的选择。入海排污口位置是否合理，直接关系到污染物对海洋环境影响的程度。因此，应当根据海洋功能区划、海水动力条件和有关规定选择入海排污口位置。“海洋功能区划”是指依据海洋自然属性、社会属性以及自然资源和环境特定条件，界定海洋利用的主导功能和使用范畴；“海水动力条件”是指海水涨、落潮，海流运动和海水交换对污染物输运及自净的能力。“有关规定”是指防治陆源污染的规定和排放标准、防治海岸工程建设项目污染的规定和排放标准等。

二是设置入海排污口的批准部门是生态环境主管部门。由于设置入海排污口涉及海域使用、养殖业安全和船舶航行安全，所以生态环境主管部门在批准设置入海排污口之前，须征求海洋、海事、渔业行政主管部门和军队环境保护部门的意见。

三是不得新建排污口的区域。在海洋自然保护区、重要渔业水域、海滨风景名胜区和其他需要特别保护的区域，不得新建排污口。“其他需要特别保护的区域”是指除海洋自然保护区、重要渔业水域和海滨风景名胜区以外，因具有环境保护的特殊价值而划出的一定范围内加以特别保护的区域。

四是关于排污口深海设置的要求。在有条件的地区，应当将排污口深海设置，实行离岸排放。设置陆源污染物深海离岸排放口，应当根据海洋功能区划、海水动力条件和海底工程设施的有关情况确定。“海底工程设施”是指位于海床底土上的构筑物和敷设物，如人工渔礁、电缆和管道等。

本案中，皎辉公司设置的入海排污口未经科学论证，也未向生态环境主管部门备案，不符合相关法律关于入海排污口的设置要求，因此构成环境违法行为。

2. 查封、扣押的实施效果及就地查封的实施条件

查封、扣押作为行政强制措施，在行政执法实践中被行政执法机关广泛运用。就其效果而言，目的是制止违法行为、防止证据损毁、避免危害发生、控制危险扩大等。本案中，舟山市生态环境局对皎辉公司泥浆倾倒池内的入海排污口进行了现场查封，不仅有效地遏制了其违法行为，还控制了海洋环境损害的扩大。但是，查封、扣押所产生的效果只是暂时的，其实施受一定的时间限制，如本案中的查封期限仅为 2019 年 1 月 24 日—2 月 22 日。

法条链接

《中华人民共和国环境保护法》（2015年）

第二十五条　企业事业单位和其他生产经营者违反法律法规规定排放污染物，造成或者可能造成严重污染的，县级以上人民政府环境保护主管部门和其他负有环境保护监督管理职责的部门，可以查封、扣押造成污染物排放的设施、设备。

《中华人民共和国海洋环境保护法》（2017年）

第三十条　入海排污口位置的选择，应当根据海洋功能区划、海水动力条件和有关规定，经科学论证后，报设区的市级以上人民政府环境保护行政主管部门备案。

环境保护行政主管部门应当在完成备案后十五个工作日内将入海排污口设置情况通报海洋、海事、渔业行政主管部门和军队环境保护部门。

在海洋自然保护区、重要渔业水域、海滨风景名胜区和其他需要特别保护的区域，不得新建排污口。

在有条件的地区，应当将排污口深海设置，实行离岸排放。设置陆源污染物深海离岸排放排污口，应当根据海洋功能区划、海水动力条件和海底工程设施的有关情况确定，具体办法由国务院规定。

第七十七条　违反本法第三十条第一款、第三款规定设置入海排污口的，由县级以上地方人民政府环境保护行政主管部门责令其关闭，并处二万元以上十万元以下的罚款。

海洋、海事、渔业行政主管部门和军队环境保护部门发现入海排污口设置违反本法第三十条第一款、第三款规定的，应当通报环境保护行政主管部门依照前款规定予以处罚。

《环境保护主管部门实施查封、扣押办法》（2015 年）

第四条第一款 排污者有下列情形之一的，环境保护主管部门依法实施查封、扣押：

（一）违法排放、倾倒或者处置含传染病病原体的废物、危险废物、含重金属污染物或者持久性有机污染物等有毒物质或者其他有害物质的；

（二）在饮用水水源一级保护区、自然保护区核心区违反法律法规规定排放、倾倒、处置污染物的；

（三）违反法律法规规定排放、倾倒化工、制药、石化、印染、电镀、造纸、制革等工业污泥的；

（四）通过暗管、渗井、渗坑、灌注或者篡改、伪造监测数据，或者不正常运行防治污染设施等逃避监管的方式违反法律法规规定排放污染物的；

（五）较大、重大和特别重大突发环境事件发生后，未按照要求执行停产、停排措施，继续违反法律法规规定排放污染物的；

（六）法律、法规规定的其他造成或者可能造成严重污染的违法排污行为。

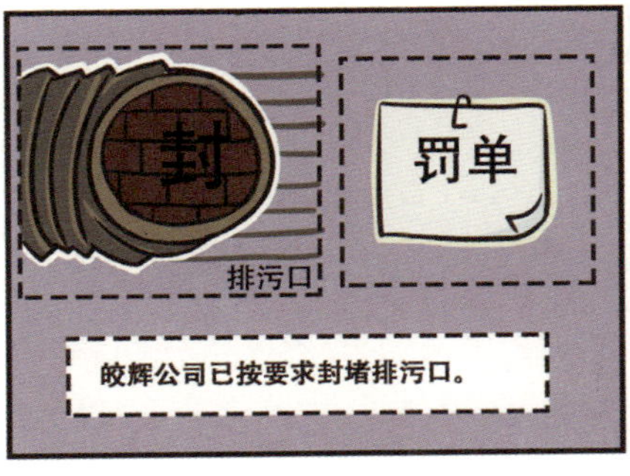

裁判结果

根据《中华人民共和国海洋环境保护法》和《舟山市环保系统行政处罚裁量基准》的规定，舟山市皎辉公司已经按要求对违法设置的入海排污口进行封堵，舟山市生态环境局对皎辉公司作出罚款3.08万元的处罚。

案例六

建设单位夜间施工作业噪声超标行政处罚案

基本案情

重庆市某区环境行政执法支队接到群众投诉，2018 年 8 月 18 日 23 时 15 分，某建设集团有限公司（以下简称某建设集团）负责施工的项目，在未经环境保护主管部门审核同意的情况下，使用 1 台天泵、1 台吊车及两辆商品混凝土运输车进行夜间施工作业。经该区生态环境监测站现场监测，施工场界噪声值为 56 分贝，超过《建筑施工场界环境噪声排放标准》（GB 12523—2011）规定的夜间 55 分贝的排放限值。

同时，该建设集团的上述行为违反了《重庆市环境保护条例》第六十五条关于夜间施工需经环境保护主管部门审核的规定。根据查明的事实，重庆市某区环境行政执法支队于 2018 年 9 月 17 日向该建设集团下达了《行政处罚事先（听证）告知书》，告知其享有陈述申辩权和听证申请权。该建设集团在告知的期限内未进行陈述申辩，也未申请听证。

根据《重庆市环境保护条例》第一百零一条第二项中的“因生产工艺要求或者特殊需要必须夜间在噪声敏感建筑物集中区域进行产生噪声污染的勘探、施工、装修、装卸等作业，未经环境保护主管部门审核同意的，处二万元以上二十万元以下罚款”规定，重庆市某区环境行政执法支队决定对该建设集团作出罚款 2 万元的行政处罚。

案件启示

根据《中华人民共和国环境噪声污染防治法》的相关规定，施工单位应当从以下方面履行自身职责：

首先，在城市市区范围内向周围生活环境排放建筑施工噪声，应当符合《建筑施工场界环境噪声排放标准》（GB 12523—2011）。

其次，在城市市区范围内，建筑施工过程中使用的机械设备可能产生环境噪声污染的，必须在工程开工15日前向工程所在地县级以上地方人民政府生态环境主管部门申报该工程的项目名称、施工场所和期限、可能产生的环境噪声值以及所采取的环境噪声污染防治措施等情况。

最后，城市市区噪声敏感建筑物集中区域内禁止夜间进行产生环境噪声污染的建筑施工作业。因抢修、抢险作业或者特殊需要必须连续施工作业的，必须有县级以上人民政府或者有关主管部门的证明，并公告附近居民。

案件涉及的法律问题

1. 环境噪声污染的法律事实认定

环境噪声污染，是指所产生的环境噪声超过国家规定的环境噪声排放标准，并干扰他人正常生活、工作和学习的现象。可见，“环境噪声污染”的界定包括两个必要条件：一是必须超过国家规定的噪声排放标准；二是干扰他人的正常生活、工作和学习。本案中的建设集团被群众投诉，其在主观上构成了干扰他人的法律事实认定；客观上该建设集团的施工场界噪声值为56分贝，超过《建筑施工场界环境噪声排放标准》（GB 12523—2011）规定的夜间 55 分贝的排放限值，构成了噪声值超过国家规定排放标准的环境违法事实。

2.《中华人民共和国环境噪声污染防治法》的实施与修正

本案采用了重庆市地方立法作为噪声违法案件的处罚依据。实践中，噪声类环境信访投诉较为常见，居各类投诉的首位。噪声类案件的投诉涉及住建、交通、公安等部门，部门职责较难厘清。1996 年制定的《中华人民共和国噪声污染防治法》，内容已满足不了环境噪声管理的新形势、新要求，部分责任条款缺少明确规定，地方生态环境主管部门在实际处理噪声类案件行政处罚时，需使用地方性法规予以补充。《中华人民共和国环境噪声污染防治法》于 2018 年进行修正。

法条链接

《中华人民共和国环境噪声污染防治法》（1997 年）

第二十八条　在城市市区范围内向周围生活环境排放建筑施工噪声的，应当符合国家规定的建筑施工场界环境噪声排放标准。

第二十九条　在城市市区范围内，建筑施工过程中使用机械设备，可能产生环境噪声污染的，施工单位必须在工程开工十五日以前向工程所在地县级以上地方人民政府生态环境主管部门申报该工程的项目名称、施工场所和期限、可能产生的环境噪声值以及所采取的环境噪声污染防治措施的情况。

第三十条 在城市市区噪声敏感建筑物集中区域内，禁止夜间进行产生环境噪声污染的建筑施工作业，但抢修、抢险作业和因生产工艺上要求或者特殊需要必须连续作业的除外。

因特殊需要必须连续作业的，必须有县级以上人民政府或者其有关主管部门的证明。

前款规定的夜间作业，必须公告附近居民。

《重庆市环境保护条例》（2018 年）

第六十五条 施工单位因生产工艺要求或者特殊需要必须夜间在噪声敏感建筑物集中区域进行产生环境噪声污染的勘探、施工、装修、装卸等作业的，应当在开始施工四个工作日前向所在地环境保护主管部门申报夜间作业的原因、时段、作业点、使用机具的种类、数量以及施工场界噪声最大值（场界噪声最大值不能确定的，以施工机具说明书载明的噪声排放最大值代替），并出示市政、建设等有关部门的证明。

环境保护主管部门自受理申报之日起两个工作日内完成审核并作出决定。

经环境保护主管部门审核同意进行夜间作业的，施工单位应当在夜间作业前二十四小时公告附近居民。

第一百零一条 违反本条例规定，有下列行为之一的，由环境保护主管部门予以处罚：

（一）生产、经营、施工中未保证其场界噪声值符合规定排放标准的，责令改正，处五千元以上五万元以下罚款；高、中考期间擅自施工造成环境噪声扰民的从重处罚；

（二）因生产工艺要求或者特殊需要必须夜间在噪声敏感建筑物集中区域进行产生噪声污染的勘探、施工、装修、装卸等作业，未经环境保护主管部门审核同意的，处二万元以上二十万元以下罚款；

（三）夜间施工未按照规定提前公告附近居民的，责令改正，处五千元以上二万元以下罚款。

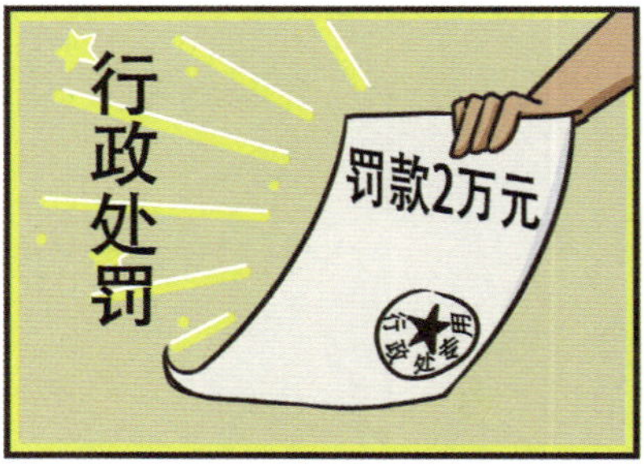

裁判结果

重庆市某建设集团负责施工的项目，在未经环境保护主管部门审核同意的情况下进行夜间施工作业。经该区生态环境监测站现场监测，施工场界噪声值为56分贝，超过《建筑施工场界环境噪声排放标准》（GB 12523—2011）规定的夜间55分贝的排放限值。该建设集团的行为违反了《重庆市环境保护条例》的相关规定，故重庆市某区环境行政执法支队决定对该建设集团作出罚款2万元的行政处罚。

案例七

德科公司因环境影响评价许可项目选址相邻权受侵犯行政诉讼案

基本案情

光大常高新环保能源（常州）有限公司（以下简称光大公司）拟在江苏省常州市滨江经济开发区投资兴建生活垃圾焚烧发电建设—经营—转让（BOT）项目。2014 年，光大公司分别在《常州日报》、常州高新区（新北区）城建局网站上发布了案涉项目环境影响评价公示及听证会公告，在常州市新北区春江镇人民政府组织召开涉案项目环境影响评价听证会。此后，光大公司向江苏省环境保护厅报送《环境影响报告书》《技术评估意见》《预审意见》等材料，申请环境影响评价许可。江苏省环境保护厅受理后，先后发布受理情况及拟审批公告，并经审查作出同意项目建设的批复（以下简称“批复”）。

常州德科化学有限公司（以下简称德科公司）为案涉项目附近企业，经营范围为化妆品添加剂制造。该公司当时处于停产状态，认为“批复”对生产经营有不利影响，故向环境保护部申请行政复议。环境保护部受理后，向江苏省环境保护厅发送《行政复议答复通知书》《行政复议申请书》等材料，并向江苏省常州市环境保护局发送《委托现场勘验函》。环境保护部在收到《行政复议答复书》《现场调查情况报告》后，作出维持“批复”的《行政复议决定书》。德科公司就该案提起行政诉讼。

江苏省南京市中级人民法院一审认为，德科公司位于案涉项目附近，其认为“批复”对生产经营有不利影响，有权提起行政诉讼，具有原告主体资格。案涉项目的环境影响评价文件编制单位和技术评估单位均是具有甲级资质的独立法人，在《环境影响报告书》编制期间，充分保障了公众参与权。江苏省环境保护厅依据光大公司报送的《环境影响报告书》《技术评估意见》《预审意见》等材料，进行了公示、发布公告，并根据反馈情况经审查后作出“批复”，并不违反相关规定。环境保护部作出的案涉行政复议行为也符合《中华人民共和国行政复议法》及《中华人民共和国行政复议法实施条例》的规定。故江苏省南京市中级人民法院一审判决驳回德科公司的诉讼请求。江苏省高级人民法院二审认为，江苏省环境保护厅在审批《环境影响报告书》时已经履行了对项目选址、环境影响等问题的审查职责，故判决维持一审判决。最高人民法院再审审查认为，德科公司并非案涉项目厂界周围的环境敏感保护目标，且当时处于停产状态，没有证据证明德科公司与光大公司之间就案涉环境保护行政许可存在重大利益关系。案涉项目在环境影响评价过程中保障了公众参与权，江苏省环境保护厅在作出环境影响评价许可过程中履行了对项目选址、污染物排放总量平衡等问题的审查职责，也未侵犯德科公司的权利。江苏省环境保护厅的环境影响评价许可行政行为、环境保护部的行政复议行为均符合相关法律法规的规定。最高人民法院裁定驳回德科公司的再审申请。

案件启示

本案所涉项目系生活垃圾焚烧发电项目，对社会整体有益，但也可能对周围生态环境造成一定影响。周边居民或者企业往往对此类项目可能造成的负面影响心存担忧，不希望项目建在其附近，由此形成“邻避”困境。随着我国城市化和工业化进程加快，“邻避”问题越来越多，“邻避”冲突也逐渐呈现频发、多发的趋势。

对于此类可能造成重大环境影响的建设项目，建设单位应当严格依照法律法规，委托符合条件的机构编制《环境影响报告书》，并对建设项目《环境影响报告书》的内容和结论负责；应履行信息公开义务，在报批建设项目《环境影响报告书》前，举行论证会、听证会，或者采取其他形式征求有关单位、专家和公众的意见，充分保障公众参与权；应严格落实环境影响评价批复要求，尽可能防止或者减轻项目对周围生态环境的影响。

案件涉及的法律问题

关于环境影响评价文件的报送审批程序

《环境影响报告书》的报送审批可分为四个阶段：（1）申请与受理。建设单位应当按照《建设项目环境保护分类管理名录》的规定，对可能造成重大环境影响的建设项目组织编制《环境影响报告书》。采取法定形式向有审批权的生态环境主管部门提出申请，提交相关材料。生态环境主管部门受理建设单位提交的建设项目《环境影响报告书》及相关材料，并进行核验，作出予以受理或不予受理的处理。（2）项目审查。生态环境主管部门对建设项目《环境影响报告书》进行审查。需要进行技术评估的，由评估机构组织专家对《环境影响报告书》进行技术评估。（3）项目批准。生态环境主管部门根据审查和评估结论提出审批建议，经审议通过后办理批件。（4）听证与信息公开。生态环境主管部门公布受理的建设项目信息；在作出予以批准的决定前，公示拟批准的建设项目信息；作出批准决定后，公开审批结果。对可能影响项目所在地居民生活环境质量以及存在重大意见分歧的建设项目，可以举行听证会、论证会、座谈会，征求有关单位、专家和公众的意见。国家规定需要保密的建设项目除外。

法条链接

《中华人民共和国环境影响评价法》（2003 年）

第十七条　建设项目的环境影响报告书应当包括下列内容：

（一）建设项目概况；

（二）建设项目周围环境现状；

（三）建设项目对环境可能造成影响的分析、预测和评估；

（四）建设项目环境保护措施及其技术、经济论证；

（五）建设项目对环境影响的经济损益分析；

（六）对建设项目实施环境监测的建议；

（七）环境影响评价的结论。

涉及水土保持的建设项目，还必须有经水行政主管部门审查同意的水土保持方案。

环境影响报告表和环境影响登记表的内容和格式，由国务院环境保护行政主管部门制定。

第二十一条 除国家规定需要保密的情形外，对环境可能造成重大影响、应当编制环境影响报告书的建设项目，建设单位应当在报批建设项目环境影响报告书前，举行论证会、听证会，或者采取其他形式，征求有关单位、专家和公众的意见。

建设单位报批的环境影响报告书应当附具对有关单位、专家和公众的意见采纳或者不采纳的说明。

第二十二条 建设项目的环境影响评价文件，由建设单位按照国务院的规定报有审批权的环境保护行政主管部门审批；建设项目有行业主管部门的，其环境影响报告书或者环境影响报告表应当经行业主管部门预审后，报有审批权的环境保护行政主管部门审批。

海洋工程建设项目的海洋环境影响报告书的审批，依照《中华人民共和国海洋环境保护法》的规定办理。

审批部门应当自收到环境影响报告书之日起六十日内，收到环境影响报告表之日起三十日内，收到环境影响登记表之日起十五日内，分别作出审批决定并书面通知建设单位。

预审、审核、审批建设项目环境影响评价文件，不得收取任何费用。

《中华人民共和国行政许可法》（2004 年）

第四十七条　行政许可直接涉及申请人与他人之间重大利益关系的，行政机关在作出行政许可决定前，应当告知申请人、利害关系人享有要求听证的权利；申请人、利害关系人在被告知听证权利之日起五日内提出听证申请的，行政机关应当在二十日内组织听证。

第七十六条　行政机关违法实施行政许可，给当事人的合法权益造成损害的，应当依照国家赔偿法的规定给予赔偿。

裁判结果

德科公司认为江苏省环境保护厅批复光大公司的案涉项目与自身公司有利益影响，故提起行政诉讼。经调查取证，江苏省南京市中级人民法院一审驳回德科公司的诉讼请求；江苏省高级人民法院二审认为江苏省环境保护厅履行了对项目选址、环境影响等问题的审查职责；最高人民法院再审审查认为，德科公司并非是环境敏感保护目标且当时处于停产状态，没有证据证明德科公司与光大公司存在重大利益关系。最高人民法院裁定驳回德科公司的再审申请。

案例八

利津县人民检察院对利津县环境保护局怠于履行职责提起行政公益诉讼案

基本案情

山东省利津县人民检察院在履行职责过程中发现，利津县盐窝镇八东村村民崔某某在该村内有一处废弃的棉花加工厂，厂区内存放有大量危险废物。经鉴定，上述危险废物中含有大量的二甲苯。二甲苯暴露在空气中很容易扩散，危害性极大。2017 年 4 月 28 日，利津县环境保护局将崔某某涉嫌污染环境案移送公安机关处理，但对现场的危险废物一直未采取任何处置措施，涉案危险废物一直存放在无防渗设施、无防挥发设施的地面上，给周边生态环境造成严重威胁。

2017 年 9 月 13 日，利津县人民检察院向利津县环境保护局发出检察建议，督促其对涉案危险废物及时采取处置措施，避免造成更大污染。利津县环境保护局回复称，已先后向利津县盐窝镇人民政府下发了《关于盐窝镇崔某某处疑似危险废物存放点开展执法行动的函》《关于盐窝镇崔某某处疑似危险废物存放点督办的通知》等，要求盐窝镇人民政府按照环保网格化属地监管原则，联系有资质的危险废物处理单位，签订协议并妥善处理危险废物。

2018 年 1 月 16 日，利津县人民检察院现场勘查，发现院内危险废物仍未做任何处理。为督促行政机关依法履职，维护社会公共利益，2018 年 2 月 26 日，利津县人民检察院依法向利津县人民法院提起行政公益诉讼，要求法院判令利津县环境保护局依法履行监管职责，采取有效措施依法处理存放于利津县盐窝镇八东村废弃棉花加工厂院内的危险废物。2018 年 3 月 30 日，利津县人民法院依法判决支持了检察机关的诉讼请求。

判决生效后，利津县人民检察院会同利津县公安局、利津县环境保护局、利津县盐窝镇人民政府就涉案危险废物的处理多次沟通交流，积极协调各方力量，最终妥善处置了涉案危险废物。

案件启示

本案虽然是检察机关诉讼行政机关不履职案件，但其根源是崔某某非法存放危险废物对生态环境造成了威胁，反映了检察机关对环境公益的关注和依法存放、处置危险废物的强制性。非法存放、倾倒、处置危险废物，对生态环境造成较大威胁，不仅构成环境违法行为，达到一定条件还将构成环境刑事犯罪。当事人不仅要受到环境行政处罚，还可能被追究刑事责任。对于非法倾倒、处置的危险废物，违法单位或个人还要依法处置，减轻和消除危险废物对环境的危害。不依法处置的，行政机关可以代为处置，但处置费用依法由当事人承担。

本案中，崔某某于 2017 年 9 月 9 日被山东省利津县公安局抓获归案，山东省利津县人民检察院以“非法处置危险废物，严重污染环境，后果特别严重”涉嫌污染环境罪提起刑事诉讼。2019 年 10 月 23 日，山东省利津县人民法院作出判决：崔某某犯污染环境罪，判处有期徒刑 3 年，并处罚金人民币 2 万元。

案件涉及的法律问题

关于行政公益诉讼

党的十八届四中全会提出的“探索建立检察机关提起公益诉讼制度”是根据检察机关的性质、地位、职责以及我国法治进程的现实情况作出的一种制度安排。

一是检察机关是国家法律监督机关，依法独立公正行使检察权、监督审判权和行政权。检察机关提起行政公益诉讼主要是因为行政机关不作为、乱作为，造成对国家和社会公共利益的侵害或存在潜在的侵害危险。这些是在法律实施中可能发生的问题，理应纳入法律监督范畴。

二是检察机关具有专门性、独立性、外部性特征，地位超脱，提起行政公益诉讼能有效解决诉讼费用负担、举证不能、败诉负担等现实问题。行政公益诉讼不是单纯以追求胜诉为目的，而是要客观公正地行使法律监督权。

三是检察机关具有提起行政公益诉讼的优势条件。行政公益诉讼，是为了保护国家利益和社会公共利益，检察机关处于行政公诉人的地位，享有行政诉讼原告应该享有的诉讼权利。检察机关在获取证据、举证能力、技术手段以及对法律法规的理解等方面，基本上与行政机关保持平衡，符合权力对等和抗衡的法治精神。

四是符合诉讼的基本法理。检察机关是代表国家和社会公共利益的“形式当事人”，以行政公诉人的名义提起行政公益诉讼是一种主动、积极的程序性公权力，只是启动相应的诉讼程序，提请法院对行政行为依法裁判，不具有终局或者实体处分的效力。违法行政行为能否得到纠正，最终要通过法院的裁判来完成。

当检察机关走上了行政公诉席，也就享有了作为行政诉讼原告依法应享有的诉讼权利。检察机关在搜集证据、获取证据、固定证据、制定公诉策略及准确适用法律法规等方面，无疑较社会组织更具专业性，也更有利于在司法程序中对行政机关形成强大制约。可以说，检察机关介入公益诉讼，尤其是作为原告方参与行政公益诉讼，大大拓展了公益诉讼的空间，也使得公益诉讼更具象、更贴近民众、更能有效维护公共利益。

本案中，检察机关依法履行自身监管职责，合理使用诉讼程序，督促环境保护主管部门依法处理涉案的大量危险废物。在行政公益诉讼程序判决生效后，检察机关联合当地公安、当地环境保护局、镇人民政府等力量，妥善处置涉案的大量危险废物，使社会公共利益得到有效维护。

法条链接

《中华人民共和国行政诉讼法》（2017 年）

第二十五条第四款　人民检察院在履行职责中发现生态

环境和资源保护、食品药品安全、国有财产保护、国有土地使用权出让等领域负有监督管理职责的行政机关违法行使职权或者不作为，致使国家利益或者社会公共利益受到侵害的，应当向行政机关提出检察建议，督促其依法履行职责。行政机关不依法履行职责的，人民检察院依法向人民法院提起诉讼。

《中华人民共和国行政强制法》（2012年）

第五十条 行政机关依法作出要求当事人履行排除妨碍、恢复原状等义务的行政决定，当事人逾期不履行，经催告仍不履行，其后果已经或者将危害交通安全、造成环境污染或者破坏自然资源的，行政机关可以代履行，或者委托没有利害关系的第三人代履行。

第五十一条第一款 代履行应当遵守下列规定：

（一）代履行前送达决定书，代履行决定书应当载明当事人的姓名或者名称、地址，代履行的理由和依据、方式和时间、标的、费用预算以及代履行人；

（二）代履行三日前，催告当事人履行，当事人履行的，停止代履行；

（三）代履行时，作出决定的行政机关应当派员到场监督；

（四）代履行完毕，行政机关到场监督的工作人员、代履行人和当事人或者见证人应当在执行文书上签名或者盖章。代履行的费用按照成本合理确定，由当事人承担。但是，法律另有规定的除外。

《关于环境保护行政主管部门移送涉嫌环境犯罪案件的若干规定》（2007 年）

三、县级以上环境保护行政主管部门在依法查处环境违法行为过程中，发现违法事实涉及的公私财产损失数额、人身伤亡和危害人体健康的后果、走私废物的数量、造成环境破坏的后果及其他违法情节等，涉嫌构成犯罪，依法需要追究刑事责任的，应当依法向公安机关移送。

《最高人民法院、最高人民检察院关于检察公益诉讼案件适用法律若干问题的解释》（2018 年）

第二十一条　人民检察院在履行职责中发现生态环境和资源保护、食品药品安全、国有财产保护、国有土地使用权出让等领域负有监督管理职责的行政机关违法行使职权或者不作为，致使国家利益或者社会公共利益受到侵害的，应当向行政机关提出检察建议，督促其依法履行职责。

行政机关应当在收到检察建议书之日起两个月内依法履行职责，并书面回复人民检察院。出现国家利益或者社会公共利益损害继续扩大等紧急情形的，行政机关应当在十五日内书面回复。

行政机关不依法履行职责的，人民检察院依法向人民法院提起诉讼。

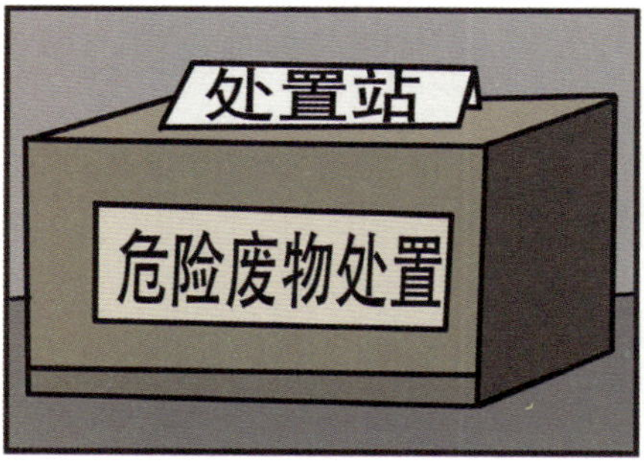

裁判结果

利津县环境保护局未及时监管处理废弃棉花加工厂内存放的危险废物，导致周边生态环境受到严重威胁。利津县人民检察院向利津县人民法院提起行政公益诉讼，要求利津县环境保护局依法处理危险废物。利津县人民法院依法判决支持了利津县人民检察院的诉讼请求。判决生效后，利津县人民检察院会同利津县公安局、利津县环境保护局、利津县盐窝镇人民政府妥善处置涉案危险废物，使社会公共利益得到有效维护。

第二部分
民事篇

案例九

省政府诉化工企业碱液未经处理直排长江水体的生态环境损害赔偿案

基本案情

2014 年 4—5 月，安徽省海德化工科技有限公司（以下简称海德公司）营销部经理杨某分三次将海德公司在生产过程中产生的 102.44 吨废碱液以每吨 1 300 元的价格交给没有危险废物处置资质的李某某等人处置，李某某等人又以每吨 500 元、600 元不等的价格转交给无危险废物处置资质的孙某某、丁某某等人。孙某某、丁某某等人将上述废碱液未经处置就排入长江水系，严重污染环境。其中，排入长江靖江段的 20 吨废碱液导致江苏省靖江市城区集中式饮用水水源中断取水 40 多个小时；排入新通扬运河的 53.34 吨废碱液导致江苏省兴化市城区集中式饮水水源中断取水超过 14 个小时。靖江市、兴化市有关部门分别采取了应急处置措施。杨某、李某某等人均构成污染环境罪，被依法追究刑事责任。

江苏省泰州市中级人民法院一审认为，海德公司作为化工企业，对其生产经营中产生的危险废物负有法定防治责任，其营销部负责人杨某违法处置危险废物的行为系职务行为，应由海德公司对此次污染事件造成的损害承担赔偿责任。案涉长江靖江段生态环境损害修复费用，系经江苏省环境科学学会依法评估得出；新通扬运河生态环境损害修复费用，系经类比得出，也经出庭专家辅助人认可。海德公司污染行为必然对靖江、兴化两地及下游生态环境服务功能造成巨大损害，江苏省人民政府主张以生态环境损害修复费用的 50% 计算赔偿金，具有合理性。但江苏省人民政府原诉讼请求所主张数额明显偏低，经释明从 3 845.27 万元增加至 5 532.85 万元。水体自净作用只是水体中污染物向下游的流动中浓度自然降低，不能因此否认污染物对水体已经造成的损害，不足以构成无须再行修复的抗辩理由。一审法院判决海德公司赔偿环境修复费用 3 637.90 万元、生态环境服务功能损失费用 1 818.95 万元、评估鉴定费 26 万元，上述费用合计 5 482.85 万元。

海德公司不服提起上诉，江苏省高级人民法院公开开庭审理后，于 2018 年 12 月 4 日对该案公开宣判。江苏省高级人民法院经审理认定：对生态环境造成损害的侵权责任人，应当承担相应的损害赔偿责任；本案发生在长江靖江段的污染事件经江苏省环境科学学会评估，认定造成环境损害数额 1 731.26 万元；本案涉污染事件造成了服务功能损失；按照生态环境损害数额的 50% 确定服务功能损失并无不当。江苏省高级人民法院判决驳回上诉，维持一审判决。同时，综合考虑生态环境修复需要和企业赔付能力与生存发展，海德公司可以在提供有效担保的前提下申请分批支付赔偿款。

案件启示

“环境有价，损害担责”。生态环境损害赔偿制度是生态文明制度体系的重要内容，也是生态环境保护责任制度的重要一环。生态环境损害赔偿制度通过依法追究侵权者赔偿责任，推动受损生态环境得到及时修复，以最大限度地减少对生态环境的影响。生态环境损害赔偿制度综合运用环境行政处罚、刑事制裁和民事赔偿，有效破解了“企业污染、群众受害、政府买单”的局面，大大提高了侵权主体的违法成本。产排污企业应当自觉守法，严格依法落实环保主体责任，努力实现环境、经济和社会效益的共赢。

案件涉及的法律问题

1. 严重污染环境罪的认定

本案中无危险废物处置资质的孙某某、丁某某等人先后向长江靖江段排入 20 吨废碱液，向新通扬运河排入 53.34 吨废碱液，分别导致江苏省靖江市城区集中式饮用水水源中断取水 40 多个小时，江苏省兴化市城区集中式饮用水水源中断取水超过 14 个小时。孙某某、丁某某等人排放、倾倒危险废物的行为，致使县级以上城区集中式饮用水水源取水中断 12 个小时以上，构成严重污染环境罪，且后果特别严重。

2. 生态环境损害鉴定评估及赔偿费用的认定

生态环境损害，是指因污染环境、破坏生态造成大气、地表水、地下水、土壤、森林等环境要素和植物、动物、微生物等生物要素的不利改变，以及上述要素构成的生态系统功能的退化。生态环境损害鉴定评估涉及诸多环节，《江苏省生态环境损害鉴定评估管理办法（试行）》明确指出生态环境损害鉴定评估的主要内容包括 6 个方面，即调查污染环境、破坏生态行为以及生态环境损害情况；鉴定污染物性质；分析污染环境或破坏生态行为与生态环境损害之间的因果关系；确定生态环境损害的性质、类型、范围和程度；计算生态环境损害实物量，筛选并给出推荐的生态环境修复方案；计算生态环境损害价值量，开展生态环境修复效果评估。

本案中生态环境损害赔偿费用包括已经发生和必然发生的下列费用：

（1）本案发生在长江靖江段的污染事件经江苏省环境科学学会评估，认定造成环境损害 1 731.26 万元。

发生在新通扬运河的污染事件造成的环境损害虽未经评估，但与长江靖江段污染事件发生于同一时期且所倾倒的危险废物均为海德公司产生并且两地水体同属Ⅲ类水质。向新通扬运河倾倒的废碱液数量更多，且倾倒区域系低洼河网地区，水流速度慢，污染物稀释速度低。新通扬运河的环境容量远不及长江靖江段，同样的污染物倾倒进新通扬运河所造成的损害要大于长江靖江段。因此，采用类比方式计算的生态环境损害不会高于实际发生的生态环境损害，并不损害海德公司的合法权益。

（2）案涉污染事件造成了服务功能损失。

长江靖江段有水生动物 161 种，鱼类 148 种，重要鱼类 59 种，且有国家一级保护动物中华鲟、江豚和胭脂鱼，这里还有国家级水产种质资源保护区。案涉污染事件发生在长江禁渔期，系长江水体生态环境最为敏感、生物最为脆弱时期。数十吨 pH 为 13.6 的高浓度废碱液倾倒进长江后，仅 2014

年 5 月 9 日的污染行为就形成了长达 20 千米的污染带，其污染行为对长江中鱼类繁殖和幼体生长必将造成严重损害，且短期内难以恢复。虽然案涉污染行为发生在禁渔期，江苏省环境科学学会给出的评估报告表明未发现长江渔业受到损失，但不能证明未发生生态环境服务功能损失。新通扬运河是当地重要的饮用水水源和农业灌溉、养殖水源，也是南水北调工程的主要通道，且有证据证明污染事件已经造成了鱼类的死亡。案涉污染事件造成了该区域生态环境的严重破坏且短期内难以得到恢复，海德公司应当赔偿相应的服务功能损失。

（3）按照生态环境损害数额的 50% 确定服务功能损失是合理的。

案涉污染事件由非法倾倒废碱液所致。倾倒行为均发生在午夜，倾倒地点偏僻，污染行为具有突发性和隐蔽性，污染区域难以精确测量，因此无法及时收集证据对服务功能损失进行精确评估。综合考虑海德公司多次故意跨省非法处置危险废物，过错程度严重；所倾倒的危险废物 pH 极高，污染物成分复杂，对生态环境的破坏十分严重且难以迅速恢复。在长江生态环境已经十分脆弱、长江大保护已经成为全民共识的情况下，海德公司在生态环境极其敏感和脆弱的长江禁渔期非法倾倒危险废物，影响十分恶劣。江苏省环境科学学会在对长江靖江段环境污染事件进行生态环境损害评估时采取了保守的计算方法确定生态环境损害，按照生态环境损害数额的 50% 确定的服务功能损失数额合情合理。

3. 生态环境损害赔偿制度的重要意义

生态环境损害赔偿制度是生态文明制度体系的重要组成部分。党中央、国务院高度重视生态环境损害赔偿工作，党的十八届三中全会明确提出对造成生态环境损害的责任者严格实行赔偿制度。2015 年，中共中央办公厅、国务院办公厅印发《生态环境损害赔偿制度改革试点方案》（中办发〔2015〕57 号），并在吉林等 7 个省（直辖市）部署开展改革试点，取得了明显成效。

本案是《生态环境损害赔偿制度改革试点方案》探索确立生态环境损害赔偿制度后，人民法院最早受理的省级人民政府诉企业生态环境损害赔偿案件，宣示了江苏省人民政府依法行政、依法治理生态环境的决心，展示了江苏省人民政府与相关民事主体平等参加诉讼，主动接受司法裁判、维护司法权威的鲜明态度，引发了社会和企业对生态环境保护的关注，对生态环境损害类案件的判决具有示范作用。目前沿江密集分布的化工企业违规排放问题已经成为威胁长江流域生态系统安全的重大隐患。加强长江经济带生态环境司法保障，要着重做好水污染防治案件的审理，充分运用司法手段修复受损生态环境，推动长江流域生态环境质量不断改善，助力长江经济带高质量发展。本案判决明确宣示，污染企业不能仅以水体具备自净能力为由主张污染物尚未对水体造成损害以及无须再行修复，水的环境容量是有限的，污染物的排放必然会损害水体、水生生物、河床甚至是河岸土壤等生态环境，根据损害担责原则，污染者应当赔偿环境修复费用和生态环境服务功能损失。

本案还是《中华人民共和国人民陪审员法》施行后，由七人制合议庭审理的案件，4 位人民陪审员在案件审理中依法对事实认定和法律适用问题充分发表了意见，强化了长江流域生态环境保护的公众参与和社会监督，进一步提升了生态环境损害赔偿诉讼裁判结果的公信力。

法条链接

《中华人民共和国固体废物污染环境防治法》（2005 年）

第五十五条　产生危险废物的单位，必须按照国家有关规定处置危险废物，不得擅自倾倒、堆放；不处置的，由所在地县级以上地方人民政府环境保护行政主管部门责令限期改正；逾期不处置或者处置不符合国家有关规定的，由所在地县级以上地方人民政府环境保护行政主管部门指定单位按照国家有关规定代为处置，处置费用由产生危险废物的单位承担。

第五十九条　转移危险废物的，必须按照国家有关规定填写危险废物转移联单，并向危险废物移出地设区的市级以上地方人民政府环境保护行政主管部门提出申请。移出地设区的市级以上地方人民政府环境保护行政主管部门应当商经接受地设区的市级以上地方人民政府环境保护行政主管部门同意后，方可批准转移该危险废物。未经批准的，不得转移。

转移危险废物途经移出地、接受地以外行政区域的，危险废物移出地设区的市级以上地方人民政府环境保护行政主管部门应当及时通知沿途经过的设区的市级以上地方人民政府环境保护行政主管部门。

第八十四条 受到固体废物污染损害的单位和个人，有权要求依法赔偿损失。

赔偿责任和赔偿金额的纠纷，可以根据当事人的请求，由环境保护行政主管部门或者其他固体废物污染环境防治工作的监督管理部门调解处理；调解不成的，当事人可以向人民法院提起诉讼。当事人也可以直接向人民法院提起诉讼。

《中华人民共和国刑法》（2011 年）

第三百三十八条 违反国家规定，排放、倾倒或者处置有放射性的废物、含传染病病原体的废物、有毒物质或者其他有害物质，严重污染环境的，处三年以下有期徒刑或者拘役，并处或者单处罚金；后果特别严重的，处三年以上七年以下有期徒刑，并处罚金。

《最高人民法院、最高人民检察院关于办理环境污染刑事案件适用法律若干问题的解释》（2013 年）

第三条 实施刑法第三百三十八条、第三百三十九条规定的行为，具有下列情形之一的，应当认定为“后果特别严重”：

（一）致使县级以上城区集中式饮用水水源取水中断十二个小时以上的；

（二）致使基本农田、防护林地、特种用途林地十五亩以上，其他农用地三十亩以上，其他土地六十亩以上基本功能丧失或者遭受永久性破坏的；

（三）致使森林或者其他林木死亡一百五十立方米以上，或者幼树死亡七千五百株以上的；

（四）致使公私财产损失一百万元以上的；

（五）致使疏散、转移群众一万五千人以上的；

（六）致使一百人以上中毒的；

（七）致使十人以上轻伤、轻度残疾或者器官组织损伤导致一般功能障碍的；

（八）致使三人以上重伤、中度残疾或者器官组织损伤导致严重功能障碍的；

（九）致使一人以上重伤、中度残疾或者器官组织损伤导致严重功能障碍，并致使五人以上轻伤、轻度残疾或者器官组织损伤导致一般功能障碍的；

（十）致使一人以上死亡或者重度残疾的；

（十一）其他后果特别严重的情形。

第七条　行为人明知他人无经营许可证或者超出经营许可范围，向其提供或者委托其收集、贮存、利用、处置危险废物，严重污染环境的，以污染环境罪的共同犯罪论处。

《生态环境损害赔偿制度改革方案》（2017 年）

四、工作内容

（一）明确赔偿范围。生态环境损害赔偿范围包括清除污染费用、生态环境修复费用、生态环境修复期间服务功能的损失、生态环境功能永久性损害造成的损失以及生态环境损害赔偿调查、鉴定评估等合理费用。各地区可根据生态环境损害赔偿工作进展情况和需要，提出细化赔偿范围的建议。鼓励各地区开展环境健康损害赔偿探索性研究与实践。

（二）确定赔偿义务人。违反法律法规，造成生态环境损害的单位或个人，应当承担生态环境损害赔偿责任，做到应赔尽赔。现行民事法律和资源环境保护法律有相关免除或减轻生态环境损害赔偿责任规定的，按相应规定执行。各地区可根据需要扩大生态环境损害赔偿义务人范围，提出相关立法建议。

（三）明确赔偿权利人。国务院授权省级、市地级政府（包括直辖市所辖的区县级政府，下同）作为本行政区域内生态环境损害赔偿权利人。省域内跨市地的生态环境损害，由省级政府管辖；其他工作范围划分由省级政府根据本地区实际情况确定。省级、市地级政府可指定相关部门或机构负责生态环境损害赔偿具体工作。省级、市地级政府及其指定的部门或机构均有权提起诉讼。跨省域的生态环境损害，由生态环境损害地的相关省级政府协商开展生态环境损害赔偿工作。

《最高人民法院关于审理生态环境损害赔偿案件的若干规定（试行）》（2019 年）

第一条　具有下列情形之一，省级、市地级人民政府及其指定的相关部门、机构，或者受国务院委托行使全民所有自然资源资产所有权的部门，因与造成生态环境损害的自然人、法人或者其他组织经磋商未达成一致或者无法进行磋商的，可以作为原告提起生态环境损害赔偿诉讼：

（一）发生较大、重大、特别重大突发环境事件的；

（二）在国家和省级主体功能区规划中划定的重点生态功能区、禁止开发区发生环境污染、生态破坏事件的；

（三）发生其他严重影响生态环境后果的。

前款规定的市地级人民政府包括设区的市，自治州、盟、地区，不设区的地级市，直辖市的区、县人民政府。

第十一条　被告违反法律法规污染环境、破坏生态的，人民法院应当根据原告的诉讼请求以及具体案情，合理判决被告承担修复生态环境、赔偿损失、停止侵害、排除妨碍、消除危险、赔礼道歉等民事责任。

裁判结果

海德公司将生产过程中产生的废碱液交给没有危险废物处置资质的李某某等人处置，李某某等人又以低价格交给无资质的孙某某、丁某某等人处置，孙某某、丁某某等人将上述废碱液未经处置直接排入长江水系，严重污染环境，导致所在城区集中式饮用水水源中断取水超过12个小时。江苏省泰州市中级人民法院一审认为，由海德公司对造成的损害承担赔偿责任，海德公司不服上诉，江苏省高级人民法院公开开庭审理后，驳回上诉，维持一审判决。

案例十

中国绿发会诉玻璃制造企业超标排放大气污染物民事公益诉讼案

基本案情

2015 年 12 月—2016 年 4 月，秦皇岛方圆包装玻璃有限公司（以下简称方圆公司）因未取得排污许可证，玻璃窑炉超标排放二氧化硫、氮氧化物等大气污染物并拒不改正等行为被秦皇岛市海港区环境保护局分 4 次罚款共计 1 289 万元。2015 年 2 月，方圆公司签订总金额为 3 617 万元的《玻璃窑炉脱硝脱硫除尘总承包合同》。2016 年中国生物多样性保护与绿色发展基金会（以下简称绿发会）提起本案诉讼后，方圆公司缴纳了行政罚款共计 1 281 万元，并加快了脱硝脱硫除尘改造提升进程，于 2016 年 6 月 15 日通过环境保护验收，分别于 2016 年 6 月 17 日、2017 年 6 月 17 日取得排污许可证。2016 年 12 月 2 日，方圆公司再次投入 1 965 万元增设脱硝脱硫除尘备用设备一套。原环境保护部环境规划院环境风险与损害鉴定评估研究中心接受一审法院委托，按照虚拟治理成本法，将方圆公司自行政处罚认定损害发生之日至环保达标之日造成的环境损害数额评估为 154.96 万元。

2018 年 2 月 8 日，河北省秦皇岛市中级人民法院公开开庭审理此案。一审认为，本案起诉后，方圆公司积极投入加快治理污染设备的更新改造，诉讼过程中经环保验收已达标排放并取得排污许可证，其非法排放大气污染物的违法行为已经停止。原环境保护部环境规划院环境风险与损害鉴定评估研究中心具备法定资质，评估依据已经双方当事人质证，按照虚拟治理成本法计算的环境损害数额包括修复被污染的大气环境的费用和因非法排放大气污染物给环境造成的损害两项内容，应予以确认。方圆公司污染大气行为影响群众日常生活，造成了一定的精神损害，应承担赔礼道歉的民事责任。绿发会主张的差旅费、律师费等费用未提交充分证据，但考虑本案实际情况予以酌定。一审法院判决方圆公司赔偿损失 154.96 万元，分三期支付至秦皇岛市专项资金账户，用于该地区的环境修复；在全国性媒体上刊登致歉声明；向绿发会支付因本案支出的合理费用 3 万元。河北省高级人民法院二审维持一审判决。

案件启示

企业遵守环境保法部律法规规定，切实履行污染治理责任，避免环境污染和生态破坏，既是行政管理的要求，也符合人民群众的根本利益，是企业健康发展的长久之计。当今社会，人民群众的环境保护意识日益提升，企业环境守法情况不仅受到行政机关的监督，也受到司法机关的制约，还受到社会公众的关注。企业若违法，将面临行政处罚、刑事制裁和民事赔偿。对此，企业应该努力提高自身的环境守法意识和能力，学习掌握、严格执行各项环保制度，并自觉接受社会公众监督。

案件涉及的法律问题

1. 排污许可制度的实施

排污许可制度是世界各国通行的环境管理制度，是政府环境监管的重要手段和企业环境守法的重要依据。完成覆盖所有固定污染源的排污许可证核发工作，是党的十九届四中全会、生态文明体制改革总体方案、国务院控制污染物排放许可制实施方案等提出的重要改革目标任务，是打好污染防治攻坚战的重要支撑。

本案中，方圆公司未遵循排污许可制度进行生产管理，生产过程中玻璃窑炉向周围环境非法超标排放二氧化硫、氮氧化物等大气污染物，违反了《中华人民共和国大气污染防治法》第十九条的规定，应当依据《中华人民共和国大气污染防治法》第九十九条的规定予以处罚。

2. 环境公益诉讼

本案系京津冀地区受理的首例大气污染公益诉讼案。大气污染防治是污染防治三大攻坚战之一，京津冀及周边地区是蓝天保卫战的重点区域。审理本案的人民法院正确适用《最高人民法院关于审理环境民事公益诉讼案件适用法律若干问题的解释》，结合绿发会的具体诉讼请求，对方圆公司非法排放大气污染物造成的环境损害进行了界定和评估，积极探索公益诉讼专项资金账户运作模式，确保环境损害赔偿金用于受损环境的修复。本案受理后，方圆公司积极缴纳行政罚款，主动升级改造环保设施，成为该地区首家实现大气污染治理环保设备“开二备一”的企业，实现了环境民事公益诉讼的预防和修复功能，同时还起到了推动企业积极承担生态环境保护社会责任以及采用绿色生产方式的作用，具有良好的社会导向。本案的审理和公开宣判对司法服务保障京津冀及周边地区环境治理和经济社会发展具有重要的示范作用，将对京津冀及周边地区大气污染防治和区域生态文明建设起到积极的促进作用。

法条链接

《中华人民共和国环境保护法》（2015 年）

第五十八条　对污染环境、破坏生态，损害社会公共利益的行为，符合下列条件的社会组织可以向人民法院提起诉讼：

（一）依法在设区的市级以上人民政府民政部门登记；

（二）专门从事环境保护公益活动连续五年以上且无违法记录。

符合前款规定的社会组织向人民法院提起诉讼，人民法院应当依法受理。

提起诉讼的社会组织不得通过诉讼牟取经济利益。

第五十九条 企业事业单位和其他生产经营者违法排放污染物，受到罚款处罚，被责令改正，拒不改正的，依法作出处罚决定的行政机关可以自责令改正之日的次日起，按照原处罚数额按日连续处罚。

前款规定的罚款处罚，依照有关法律法规按照防治污染设施的运行成本、违法行为造成的直接损失或者违法所得等因素确定的规定执行。

地方性法规可以根据环境保护的实际需要，增加第一款规定的按日连续处罚的违法行为的种类。

《中华人民共和国大气污染防治法》（2016年）

第十九条 排放工业废气或者本法第七十八条规定名录中所列有毒有害大气污染物的企业事业单位、集中供热设施的燃煤热源生产运营单位以及其他依法实行排污许可管理的单位，应当取得排污许可证。排污许可的具体办法和实施步骤由国务院规定。

《最高人民法院关于审理环境民事公益诉讼案件适用法律若干问题的解释》（2015年）

第一条 法律规定的机关和有关组织依据民事诉讼法第五十五条、环境保护法第五十八条等法律的规定，对已经损害社会公共利益或者具有损害社会公共利益重大风险的污染环境、破坏生态的行为提起诉讼，符合民事诉讼法第一百一十九条第二项、第三项、第四项规定的，人民法院应予受理。

第二条　依照法律、法规的规定，在设区的市级以上人民政府民政部门登记的社会团体、民办非企业单位以及基金会等，可以认定为环境保护法第五十八条规定的社会组织。

第十八条　对污染环境、破坏生态，已经损害社会公共利益或者具有损害社会公共利益重大风险的行为，原告可以请求被告承担停止侵害、排除妨碍、消除危险、恢复原状、赔偿损失、赔礼道歉等民事责任。

第二十三条　生态环境修复费用难以确定或者确定具体数额所需鉴定费用明显过高的，人民法院可以结合污染环境、破坏生态的范围和程度、生态环境的稀缺性、生态环境恢复的难易程度、防治污染设备的运行成本、被告因侵害行为所获得的利益以及过错程度等因素，并可以参考负有环境保护监督管理职责的部门的意见、专家意见等，予以合理确定。

裁判结果

2015年12月—2016年4月，方圆公司未取得排污许可证且超标排放二氧化硫、氮氧化物等大气污染物，并拒不改正其行为被秦皇岛市海港区环境保护局分4次罚款共计1 289万元。2016年绿发会提起本案诉讼后，方圆公司缴纳了行政罚款并加快脱硝脱硫除尘改造提升进程，并取得排污许可证。2018 年2月8日，河北省秦皇岛市中级人民法院公开开庭审理此案：方圆公司应赔偿该地区环境修复损失费用154.96万元；在全国性媒体上刊登致歉声明；向绿发会支付因本案支出的合理费用3万元。

第三部分
刑事篇

案例十一

宝勋公司非法倾倒、处置酸洗污泥污染环境案

基本案情

2002年7月，被告单位宝勋精密螺丝（浙江）有限公司（以下简称宝勋公司）成立，经营范围包括生产销售建筑五金件、汽车高强度精密紧固件、精冲模具等。该公司

生产中产生的废酸液及污泥为危险废物，必须分类收集后委托具有危险废物处置资质的单位处置。被告人黄某某自2008年起担任宝勋公司副总经理，负责公司日常经营管理，被告人姜某某自2016年4月起直接负责宝勋公司酸洗污泥的处置工作。

2016年7月—2017年5月，被告单位宝勋公司及被告人黄某某、姜某某违反国家关于危险废物管理的规定，在未开具危险废物转移联单的情况下，将酸洗污泥交给无危险废物处置资质的被告人李某某、涂某某、刘某某进行非法处置。上述被告人通过汽车、船舶跨省运输危险废物，最终在江苏省淮安市、扬州市、苏州市，安徽省铜陵市非法倾倒、处置酸洗污泥共计1 071吨。其中，2017年5月22日，被告人姜某某、李某某、涂某某伙同被告人刘某某等人在安徽省铜陵市经开区将62.88吨酸洗污泥倾倒在长江堤坝内，造成严重的环境污染。案发后，经鉴定评估，上述被告人非法倾倒、处置酸洗污泥造成环境损害数额为511万余元，产生应急处置、生态环境修复、鉴定评估等费用共计139万余元。

此外，2017年6—11月，被告人李某某、涂某某、刘某某等人在无危险废物处置资质的情况下，非法收集10余家江苏、浙江企业的工业污泥、废胶木等有毒、有害物质，通过利用船舶跨省运输至安徽省铜陵市江滨村江滩边进行倾倒。其中，倾倒废胶木313吨、工业污泥2 525余吨，另有2 400余吨工业污泥倾倒未遂。

本案由安徽省芜湖市镜湖区人民检察院于2018年7月16日以被告单位宝勋公司以及被告人黄某某、姜某某、李某某、涂某某等12人犯污染环境罪向安徽省芜湖市镜湖区人民法院提起公诉。2018年9月28日，安徽省芜湖市镜湖区人民法院依法作出一审判决：认定被告单位宝勋公司犯污染环境罪，判处罚金1 000万元；被告人黄某某犯污染环境罪，判处有期徒刑6年，并处罚金20万元；被告人姜某某犯污染环境罪，判处有期徒刑5年9个月，并处罚金20万元；判处被告人李某某等10人犯污染环境罪，判处有期徒刑6年至拘役4个月不等，并处罚金。一审宣判后，被告单位宝勋公司和被告人黄某某等人提出上诉。2018年12月5日，安徽省芜湖市中级人民法院二审裁定驳回上诉，维持原判。判决已生效。

案件启示

由于危险废物具有危险特性和对环境存在潜在的严重污染，国家建立实施危险废物申报登记制度、转移联单制度和经营许可证管理制度等，对危险废物进行全过程监管；对非法排放、倾倒、处置危险废物的行为，实行最严格的法律制裁。直接实施非法排放、倾倒、处置危险废物行为的行为人不仅要承担法律责任，非法提供危险废物的单位或个人也要承担法律责任。实践中，行政、公安和司法机关密切衔接配合，不断加大对环境违法犯罪行为的打击力度。本案警示产废单位不仅不能直接实施非法排放、倾倒、处置危险废物的行为，在将危险废物移交外单位处置时，还要仔细核实其是否具有经营资质，更不能存有移交他人非法处置即可免除自身责任的侥幸心理。

案件涉及的法律问题

1. 污染环境罪的认定

2011 年 5 月 1 日起施行的《刑法修正案（八）》对《刑法》第三百三十八条的重大环境污染事故罪作出重大修改，《最高人民法院、最高人民检察院关于办理环境污染刑事案件适用法律若干问题的解释》（2016 年）明确了污染环境罪的具体情形，并将“非法排放、倾倒、处置危险废物一百吨以上”等 13 种情形列为“后果特别严重”的情形。

服务长江生态高水平保护和经济社会高质量发展，为长江经济带“共抓大保护、不搞大开发”提供有力保障，是环保、公安、司法机关肩负的重大政治责任、社会责任和法律责任。司法实践中，公安、司法机关对发生在长江经济带 11 省（直辖市）的跨省（直辖市）排放、倾倒、处置有放射性的废物、含传染病病原体的废物、有毒物质或者其他有害物质的环境污染犯罪行为，依法从重处罚；对形成产业链的非法排放、倾倒、处置、经营危险废物行为，坚持全链条、全环节、全流程进行刑事打击，查清犯罪网络，深挖犯罪源头，斩断利益链条，不断挤压和铲除其滋生蔓延的空间。

本案中，被告单位宝勋公司及被告人黄某某等12人在江苏、浙江、安徽等地跨省运输、转移危险废物，并在长江流域甚至是长江堤坝内倾倒、处置，危险废物数量大，持续时间长，给长江流域生态环境造成严重危害，其已构成污染环境罪，且属于“后果特别严重的”情形。

2. 犯罪嫌疑人、被告人主观过错的认定

准确认定犯罪嫌疑人、被告人的主观过错是办理环境污染刑事案件中的重点问题。司法实践中，判断犯罪嫌疑人、被告人是否具有环境污染犯罪的故意，应当依据犯罪嫌疑人、被告人的任职情况、职业经历、专业背景、培训经历、本人因同类行为受到行政处罚或刑事追究情况以及污染物种类、污染方式、资金流向等证据，结合其供述，进行综合分析判断。

本案中，被告单位宝勋公司及被告人黄某某、姜某某违反国家关于危险废物管理的规定，在未开具危险废物转移联单的情况下，将酸洗污泥交给无危险废物处理资质的被告人李某某、涂某某、刘某某进行非法处置。被告人李某某、涂

某某、刘某某通过伪造有关国家机关印章、公司印章，制作虚假公文、证件等方式，非法处置酸洗污泥。上述多名被告人均具有环境污染犯罪的故意。

法条链接

《中华人民共和国刑法》（2015 年）

第三百三十八条　违反国家规定，排放、倾倒或者处置有放射性的废物、含传染病病原体的废物、有毒物质或者其他有害物质，严重污染环境的，处三年以下有期徒刑或者拘役，并处或者单处罚金；后果特别严重的，处三年以上七年以下有期徒刑，并处罚金。

《最高人民法院、最高人民检察院关于办理环境污染刑事案件适用法律若干问题的解释》（2016 年）

第三条　实施刑法第三百三十八条、第三百三十九条规定的行为，具有下列情形之一的，应当认定为“后果特别严重”：

（一）致使县级以上城区集中式饮用水水源取水中断十二小时以上的；

（二）非法排放、倾倒、处置危险废物一百吨以上的；

（三）致使基本农田、防护林地、特种用途林地十五亩以上，其他农用地三十亩以上，其他土地六十亩以上基本功能丧失或者遭受永久性破坏的；

（四）致使森林或者其他林木死亡一百五十立方米以上，或者幼树死亡七千五百株以上的；

（五）致使公私财产损失一百万元以上的；

（六）造成生态环境特别严重损害的；

（七）致使疏散、转移群众一万五千人以上的；

（八）致使一百人以上中毒的；

（九）致使十人以上轻伤、轻度残疾或者器官组织损伤导致一般功能障碍的；

（十）致使三人以上重伤、中度残疾或者器官组织损伤导致严重功能障碍的；

（十一）致使一人以上重伤、中度残疾或者器官组织损伤导致严重功能障碍，并致使五人以上轻伤、轻度残疾或者器官组织损伤导致一般功能障碍的；

（十二）致使一人以上死亡或者重度残疾的；

（十三）其他后果特别严重的情形。

第七条 明知他人无危险废物经营许可证，向其提供或者委托其收集、贮存、利用、处置危险废物，严重污染环境的，以共同犯罪论处。

裁判结果

宝勋公司生产过程中产生的废酸液及污泥为危险废物，安徽省芜湖市镜湖区人民法院对相关责任人作出一审判决。一审判决后，被告单位宝勋公司和被告人黄某某等人提出上诉。安徽省芜湖市中级人民法院二审裁定驳回上诉，维持原判。

案例十二

环境保护局联合人民检察院办理清洗防腐公司暗管偷排重金属离子溶液污染环境案

基本案情

山东蓝星清洗防腐公司（以下简称蓝星公司）主要从事化学镀镍磷合金特种防腐项目。2015 年 5 月 28 日，济南市历城区环境保护局会同公安部门进行联勤联动，检查中发现蓝星公司利用车间外北侧的暗管连通雨水管道进行排污，故对水质和污泥进行取样。经检测，发现其中含有的重金属镍离子浓度超过国家规定排放标准。经调查，2008—2015年，蓝星公司在法人代表姬某某的安排下，由雷某、吴某、姬某某、张某某实际操作，长期将公司设备在进行酸洗和化学镍磷镀过程中产生的酸性废水、碱性废水、冲洗渡槽和工件的含镍废水通过铺设在车间底部的暗管连通雨水管道向省道102线的市政管线排放，同时利用公司厕所旁的废水池向地下渗漏，经测算蓝星公司共计排放含酸废水和含镍废水490余吨，这些废水最后进入杨家河。蓝星公司上述行为构成以逃避监管方式排放水污染物的行为，历城区环境保护局依法对其作出罚款10万元的行政处罚，并将案件移送公安机关。

经公安机关立案侦查，2015年11月11日，历城区人民检察院将姬某某批准逮捕。2016年4月1日，历城区人民法院作出一审判决，被告单位蓝星公司犯污染环境罪，判处罚金20万元；被告人姬某某犯污染环境罪，判处有期徒刑2年，并处罚金3万元；被告人雷某、吴某、姬某某犯污染环境罪，判处有期徒刑1年6个月，缓刑1年6个月，并处罚金2万元；被告人张某某犯污染环境罪，判处有期徒刑6个月，缓刑1年，并处罚金1万元。4月15日，5名被告人提出上诉。11月26日，济南市中级人民法院裁定驳回上诉，维持原判。

该案作出刑事判决后，历城区人民检察院及时将该案作为公益诉讼线索上报济南市人民检察院，后经山东省人民检察院指定聊城市人民检察院提起民事公益诉讼。2016年12月28日，聊城市人民检察院提起民事公益诉讼，将蓝星公司诉至济南市中级人民法院。2017年12月19日，济南市中级人民法院对该案进行公开开庭审理。庭审结束后，检察机关与蓝星公司达成调解协议。2018年2月8日，法院依法作出调解书，该调解书对检察机关认定的事实予以确认，并约定蓝星公司于签收《民事调解书》之日起30日内委托有资质的单位修复被污染的土壤、地下水生态环境，期限1年，修复期满时向济南市中级人民法院提供经有资质的单位出具的评估验收合格报告，若不能按时完成修复义务，则于修复期满之日起10日内赔偿违法排污对生态环境造成影响的修复费用98万元。

案件启示

近年来，生态环境保护工作的重要地位日益凸显，环境保护法律法规日益完善，生态环境执法力度不断加大。2015年新修订的《中华人民共和国环境保护法》规定“禁止通过暗管、渗井、渗坑、灌注等逃避监管的方式违法排放污染物”，对该类恶意违法排污行为，生态环境主管部门不仅要予以高额的罚款处罚，还要移送公安机关予以行政拘留；如果所排放污染物为有放射性的废物、含传染病病原体的废物、有毒物质，或者构成其他严重污染环境情形，还要依法追究刑事责任。单位构成犯罪的，依法应当追究单位和个人的双重责任。

案件涉及的法律问题

1. 暗管偷排的事实认定

根据《行政主管部门移送行政拘留环境违法案件暂行办法》第五条的规定，《中华人民共和国环境保护法》第六十三条第三项规定的通过暗管、渗井、渗坑、灌注等逃避监管的方式违法排放污染物，是指通过暗管、渗井、渗坑、灌注等不经法定排放口排放污染物等逃避监管的方式违法排放污染物：暗管是指通过隐蔽的方式达到规避监管目的而设置的排污管道，包括埋入地下的水泥管、瓷管、塑料管等，以及地上的临时排污管道。

首先，通过暗管排污是不经法定排放口排污的行为。本案发生时间为2015年，适用当时的《中华人民共和国水污染防治法》。但是关于“法定排污口”的认定，2017年新修订的《中华人民共和国水污染防治法》第二十二条规定“向水体排放污染物的企业事业单位和其他生产经营者，应当按照法律、行政法规和国务院环境保护主管部门的规定设置排污口；在江河、湖泊设置排污口的，还应当遵守国务院水行政主管部门的规定”。据此，按照法律法规和相关主管部门规定设置的排污口即为法定排污口，一般会在环境影响评价文件和排污许可证中注明。

其次，通过暗管排污是通过隐蔽方式设置排污管道的排污行为。在认定“暗管”时，应作广义理解，不应局限于“埋在地下”或者“暗藏”的排污管道，其也包括地上临时排污管道或其他未经申报的管道。

再次，通过暗管排污的行为，主观上具有逃避监管故意。实践中，执法人员普遍认为要证明相对人存在主观故意难度较大。2018 年 12 月，最高人民法院、最高人民检察院、公安部、司法部、生态环境部在北京联合召开座谈会，对当前办理环境污染刑事案件工作中遇到的突出困难和问题加以研究，形成统一认识，于 2019 年 2 月印发《关于办理环境污染刑事案件有关问题座谈会纪要》（高检会〔2019〕3 号）。规定判断犯罪嫌疑人、被告人是否具有环境污染犯罪的故意，应当依据犯罪嫌疑人、被告人的任职情况、职业经历、专业背景、培训经历、本人因同类行为受到行政处罚或者刑事追究情况以及污染物种类、污染方式、资金流向等证据，结合其供述，进行综合分析判断。

本案中，蓝星公司将暗管铺设在车间底部，是有计划、长时间实施违法排污行为，行为极为隐蔽，主观上有明显的逃避监管的故意，构成“通过暗管等逃避监管方式排放污染物”的行为。根据《最高人民法院、最高人民检察院关于办理环境污染刑事案件适用法律若干问题的解释》，通过暗管等逃避监管的方式排放有毒物质的，应当认定为“严重污染环境”，构成污染环境罪。

2. 单位犯罪的认定和处罚

单位实施环境污染相关犯罪，往往具有更大的社会危害性，应当从严惩治。《最高人民法院、最高人民检察院关于办理环境污染刑事案件适用法律若干问题的解释》明确规定，对于单位实施环境污染相关犯罪的，要对单位和个人实施“双罚”，且适用与个人犯罪相同的定罪量刑标准。《关于办理环境污染刑事案件有关问题座谈会纪要》（高检会〔2019〕3 号）进一步明确了单位犯罪的认定及单位犯罪中“直接负责的主管人员”“其他直接责任人员”的认定问题，为打击单位实施环境污染犯罪案件提供了依据和保障。本案中，历城区人民法院依法对蓝星公司及主要涉案人员实施“双罚”，有力打击和震慑了持有侥幸心理且长期偷排污染物的环境违法犯罪行为。

法条链接

《中华人民共和国水污染防治法》（2008 年）

第二十二条第二款 禁止私设暗管或者采取其他规避监管的方式排放水污染物。

第七十五条第二款 除前款规定外，违反法律、行政法规和国务院环境保护主管部门的规定设置排污口或者私设暗管的，由县级以上地方人民政府环境保护主管部门责令限期拆除，处二万元以上十万元以下的罚款；逾期不拆除的，强制拆除，所需费用由违法者承担，处十万元以上五十万元以下的罚款；私设暗管或者有其他严重情节的，县级以上地方人民政府环境保护主管部门可以提请县级以上地方人民政府责令停产整顿。

《中华人民共和国水污染防治法》（2018 年）

第二十二条 向水体排放污染物的企业事业单位和其他生产经营者，应当按照法律、行政法规和国务院环境保护主管部门的规定设置排污口；在江河、湖泊设置排污口的，还应当遵守国务院水行政主管部门的规定。

第三十九条 禁止利用渗井、渗坑、裂隙、溶洞，私设暗管，篡改、伪造监测数据，或者不正常运行水污染防治设施等逃避监管的方式排放水污染物。

第八十三条 违反本法规定，有下列行为之一的，由县级以上人民政府环境保护主管部门责令改正或者责令限制生产、停产整治，并处十万元以上一百万元以下的罚款；情节严重的，报经有批准权的人民政府批准，责令停业、关闭：

（一）未依法取得排污许可证排放水污染物的；

（二）超过水污染物排放标准或者超过重点水污染物排

放总量控制指标排放水污染物的；

（三）利用渗井、渗坑、裂隙、溶洞，私设暗管，篡改、伪造监测数据，或者不正常运行水污染防治设施等逃避监管的方式排放水污染物的；

（四）未按照规定进行预处理，向污水集中处理设施排放不符合处理工艺要求的工业废水的。

《行政主管部门移送适用行政拘留环境违法案件暂行办法》（2015年）

第五条　《环境保护法》第六十三条第三项规定的“通过暗管、渗井、渗坑、灌注等逃避监管的方式违法排放污染物”，是指通过暗管、渗井、渗坑、灌注等不经法定排放口排放污染物等逃避监管的方式违法排放污染物：

暗管是指通过隐蔽的方式达到规避监管目的而设置的排污管道，包括埋入地下的水泥管、瓷管、塑料管等，以及地上的临时排污管道；

渗井、渗坑是指无防渗漏措施或起不到防渗作用的、封闭或半封闭的坑、池、塘、井和沟、渠等；

灌注是指通过高压深井向地下排放污染物。

《最高人民法院、最高人民检察院关于办理环境污染刑事案件适用法律若干问题的解释》（2016年）

第一条　实施刑法第三百三十八条规定的行为，具有下列情形之一的，应当认定为“严重污染环境”：

（一）在饮用水水源一级保护区、自然保护区核心区排放、倾倒、处置有放射性的废物、含传染病病原体的废物、有毒物质的；

（二）非法排放、倾倒、处置危险废物三吨以上的；

（三）排放、倾倒、处置含铅、汞、镉、铬、砷、铊、锑的污染物，超过国家或者地方污染物排放标准三倍以上的；

（四）排放、倾倒、处置含镍、铜、锌、银、钒、锰、钴的污染物，超过国家或者地方污染物排放标准十倍以上的；

（五）通过暗管、渗井、渗坑、裂隙、溶洞、灌注等逃避监管的方式排放、倾倒、处置有放射性的废物、含传染病病原体的废物、有毒物质的；

（六）二年内曾因违反国家规定，排放、倾倒、处置有放射性的废物、含传染病病原体的废物、有毒物质受过两次以上行政处罚，又实施前列行为的；

（七）重点排污单位篡改、伪造自动监测数据或者干扰自动监测设施，排放化学需氧量、氨氮、二氧化硫、氮氧化物等污染物的；

（八）违法减少防治污染设施运行支出一百万元以上的；

（九）违法所得或者致使公私财产损失三十万元以上的；

（十）造成生态环境严重损害的；

（十一）致使乡镇以上集中式饮用水水源取水中断十二小时以上的；

（十二）致使基本农田、防护林地、特种用途林地五亩以上，其他农用地十亩以上，其他土地二十亩以上基本功能丧失或者遭受永久性破坏的；

（十三）致使森林或者其他林木死亡五十立方米以上，或者幼树死亡二千五百株以上的；

（十四）致使疏散、转移群众五千人以上的；

（十五）致使三十人以上中毒的；

（十六）致使三人以上轻伤、轻度残疾或者器官组织损伤导致一般功能障碍的；

（十七）致使一人以上重伤、中度残疾或者器官组织损伤导致严重功能障碍的；

（十八）其他严重污染环境的情形。

第十一条 单位实施本解释规定的犯罪的，依照本解释规定的定罪量刑标准，对直接负责的主管人员和其他直接责任人员定罪处罚，并对单位判处罚金。

第十五条 下列物质应当认定为刑法第三百三十八条规定的“有毒物质”：

（一）危险废物，是指列入国家危险废物名录，或者根据国家规定的危险废物鉴别标准和鉴别方法认定的，具有危险特性的废物；

（二）《关于持久性有机污染物的斯德哥尔摩公约》附件所列物质；

（三）含重金属的污染物；

（四）其他具有毒性，可能污染环境的物质。

《关于办理环境污染刑事案件有关问题座谈会纪要》（2019年）

1. 关于单位犯罪的认定

为了单位利益，实施环境污染行为，并具有下列情形之一的，应当认定为单位犯罪：（1）经单位决策机构按照决策程序决定的；（2）经单位实际控制人、主要负责人或者授权的分管负责人决定、同意的；（3）单位实际控制人、主要负责人或者授权的分管负责人得知单位成员个人实施环境污染犯罪行为，并未加以制止或者及时采取措施，而是予以追认、纵容或者默许的；（4）使用单位营业执照、合同书、公章、印鉴等对外开展活动，并调用单位车辆、船舶、生产设备、原辅材料等实施环境污染犯罪行为的。

单位犯罪中的“直接负责的主管人员”，一般是指对单位犯罪起决定、批准、组织、策划、指挥、授意、纵容等作用的主管人员，包括单位实际控制人、主要负责人或者授权的分管负责人、高级管理人员等；“其他直接责任人员”，一般是指在直接负责的主管人员的指挥、授意下积极参与实施单位犯罪或者对具体实施单位犯罪起较大作用的人员。

3. 关于主观过错的认定

实践中，具有下列情形之一，犯罪嫌疑人、被告人不能作出合理解释的，可以认定其故意实施环境污染犯罪，但有证据证明确系不知情的除外：（1）企业没有依法通过环境影响评价，或者未依法取得排污许可证，排放污染物，或者已经通过环境影响评价并且防治污染设施验收合格后，擅自更改工艺流程、原辅材料，导致产生新的污染物质的；（2）不使用验收合格的防治污染设施或者不按规范要求使用的；（3）防治污染设施发生故障，发现后不及时排除，继续生产放任污染物排放的；（4）生态环境部门责令限制生产、停产整治或者予以行政处罚后，继续生产放任污染物排放的；（5）将危险废物委托第三方处置，没有尽到查验经营许可的义务，或者委托处置费用明显低于市场价格或者处置成本的；（6）通过暗管、渗井、渗坑、裂隙、溶洞、灌注等逃避监管的方式排放污染物的；（7）通过篡改、伪造监测数据的方式排放污染物的；（8）其他足以认定的情形。

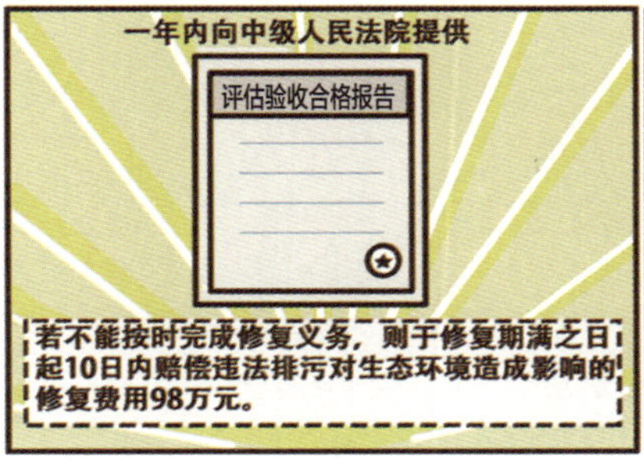

裁判结果

蓝星公司利用暗管联通雨水管道排放酸性废水、碱性废水、冲洗渡槽和工件的含镍废水，该行为构成以逃避监管方式排放水污染物的行为，历城区环境保护局作出行政罚款10万元的处罚，并将案件移送公安机关。历城区人民法院做出一审判决，5名被告人提出上诉，济南市人民法院裁决驳回上诉，维持原判。刑事判决后，聊城市人民检察院提起民事公益诉讼，济南市中级人民法院庭审结束后，检察机关与蓝星公司达成调解协议。